KB130491

복지 연구방법론 시리즈 I

사회복지학 연구를 위한 논리·비판적 사고

유태균 저

SOCIAL WELFARE RESEARCH METHODS I

LOGICAL & CRITICAL THINKING FOR SOCIAL WELFARE RESEARCH

학지사

Dedicated to

Grace, Marcus and Martin,
my wife and sons,
whom I love so much and
will love again if God gave me another life,
for their understanding, support,
and, above all,
their endless love.

글을 시작하면서

이 책을 쓰게 된 배경을 독자들에게 설명하기 위해 저자는 실제로 저자가 들었던 다음과 같은 이야기들을 독자들과 먼저 공유하는 것이 좋을 것 같다고 생각한다.

"교수님이 번역하신 조사방법론 책을 교재로 사용하는 강의도 수강한 적이 있고, 강의를 들은 후에 혼자 조사방법론 책을 밑줄을 쳐 가면서 읽고 공부했습니다. 그런데 논문 생각을 하면 뭘 어떻게 해야 할지 정말 막막합니다."

"학회지 논문이나 학위논문들을 읽어 보면 어떤 것들은 잘 쓴 논문 같고, 어떤 논문들은 무슨 말을 하는 것인지 솔직히 모르겠는 것도 있어요. 잘 쓴 논문은 읽어 보면 잘 썼다는 것은 알겠는데 막상 제 연구주제와는 다른 주제라서 제 연구를 어떻게 할지 고민하는 데에는 도움이 되지 않습니다."

"논문을 어떻게 써야 할지 모르겠고, 생각하다가 힘이 들수록 솔직히 참 별로라고 생각되는 논문도 이렇게 통과되거나 학회지에 실리는데 '나도 그 정도만 하면 되는 거 아냐?'라는 생각이 많이 들지요."

"조사론 강의를 학부에서부터 지금까지 세 번이나 수강했습니다. 책 내용도 세 번이나 강의를 듣고 나니까 어느 정도 이해하고 있고 그래서 사실 그 과목 시간 강의도 하고 있습니다. 그런데 연구를 어떻게 하는지는 한 번도 배운 적이 없어서 이제 곧 논문을 써야 하는데 어떻게 해야 할지 잘 모르겠어요. ……요즘은 학생들 앞에서 강의는 하지만 제가 가르치는 학생들에게 솔직히 미안하지요. 다행인 것은 학부 학생들은 논문을 쓰지 않는다는 것이지요. 그래서 연구에 관한 질문은 하지 않거든요."

"양적 연구방법론도 공부했고, 질적 연구방법론도 공부했고, 통계도 특강까지 쫓아다니면서 꽤 들었습니다. 그리고 도서관에서 하는 문헌검색 워크숍도 가서 들어 봤습니다. 그런데 정작 그것들을 가지고 뭘 해야 하는 것인지는 모르겠습니다."

"혹시 연구를 어떻게 하는지 알려 주는 책은 없나요? 아…… 제 말은 연구방법론 책이 아니라 연구를 한다는 것이 무엇이고, 어떻게 하는지에 관한 책 말입니다. 이런! 또 '연구를 어떻게 하는'이라고 말했네요. 그러니까 제 말은…… 제가 무슨 말을 하려고 하는 것인지 이해하시겠지요?"

이 책을 읽는 독자들 중 거의 모두는 앞과 같은 이야기를 아마도 한두 번쯤은 들어 본 적이 있을 것이라 생각한다. 만일 이런 이야기를 이제까지 한 번도 들어 본 적도 없고 해 본 적도 없는 독자가 있다면 저자는 그런 독자들에게 이 책이 정말 필요한지에 대해서 지금이라도 다시 한 번 신중하게 생각해 볼 것을 권하고자 한다. 그런 독자들에게 이 책은 적어도 아직은 별 도움이 되지 않을 것이기 때문이다.

앞에서 소개한 이야기들은 연구 때문에 고민하던 '여러 연구자'로부터 저자가 실제로 들은 이야기들이다. 저자의 머릿속에 이 이야기들이 아직도 생생하게 남아 있는 이유는 저자 자신도 바로 그 여러 연구자 중 한 사람이었기 때문이다. 자신이 현재 어떤 입장에 있는지에 따라서 이 이야기들은 웃음을 자아내는 이야기로 들릴 수도 있고, 다른 사람의 이야기가 아니라 바로 '내 이야기'로 들릴 수도 있을 것이다.

다행히도 지금의 저자에게 이 이야기들은 후자보다는 전자에 조금 더 가까워졌지만 저자는 이 이야기들이 후자로 느껴졌던 때를 아직도 잘 기억하고 있다. 그리고 그때 저자에게 자신이 경험을 통해 터득한 귀중한 지식을 아낌없이 나눠 준 멘토들 또한 잘 기억하고 있다. 그들로부터 받은 도움이 평생 잊을 수 없을 만큼 고마운 것이기에 저자는 과거에 저자가 그랬던 것처럼 앞의 이야기들을 '내 이야기'로 느끼고 있을 연구자들을 위해 반드시 뭔가 해 줘야만 한다는 일종의 책임감을 언젠가부터 느끼게 되었다.

많은 사람이 '연구는 스스로 하는 것이다'라고 말한다. 동의한다. 그러나 동시에 저자는 언덕 꼭대기에 멈춰 서 있는 수레는 손끝으로만 밀어도 언덕 아래를 향해 무서운 속도로 내달리고, 완전한 평형 상태에 머물러 있는 저울은 한 줄기 숨만 불어도 기운다는 것도 잘 알고 있다. 그렇기 때문에 저자는 자신이 누구로부터 어떤 도움을 받았는지를 이해할 수 있는 연구자와 그렇지 못한 연구자에게 '연구는 스스로 하는 것'이라는 말은 절대로 같은 의미로 해석될 수 없다고 생각한다.

저자에게 있어서 멘토는 어떤 사람으로부터 변화를 이끌어 내려면 어떤 힘이 얼마나 필요한지 알고, 그 힘을 언제 써야 할지 알고, 그가 변화를 이룰 수 있게 자신이 가진 '작은 힘'을 기꺼이 쓰는 사람이다. 이 책은 이러한 생각에서 저자가 과거 어느 시점에 자신에게 했던 약속을 지키기 위해서 쓴 책이다.

연구방법론에 관한 책을 번역도 해 봤고 자료분석방법에 관한 책도 써 봤기에 저자는 이 책을 쓰기 시작할 때 이 책을 연구방법에 관한 이론을 소개하는 또 한 권의 책이 되게 하지는 않겠다고 작심했다. 왜냐하면 그런 책들은 실제 연구를 하는 데에는 크게 도움이 되지 않기 때문이다. 한번 생각해 보자. 저자가 앞에서 소개한 '내 이야기들'이 과연 그런 책들을 한 번도 읽어 본 적이 없는 연구자들의 입에서 나온 말이겠는가? 연구방법은 science이지만 연구는 art이다. 따라서 '연구를 어떻게 해야 하지?' '논문을 어떻게 써야 하지?' 같은 고민과 함께 이제 드디어 art의 영역에 발을 들여놓은 연구자들에게는 이론적인 지식보다는 경험적 지식이 더 필요하다.

이러한 판단하에 저자는 이 책의 내용을 저자가 동료 연구자들과 연구에 대해서 함께 이야기하고 고민하는 과정에서, 석박사과정 학생들과 논문지도라는 형식의 대화를 나누는 과정에서, 그리고 연구방법론에 관한 강의를 하는 과정에서 저자가 듣고, 느끼고, 터득한 내용들로 그리고 '그때 알았더라면 정말 좋았을 텐데'라고 지금에서야 뒤늦게나마 깨달은 것들로 채워 넣었다. 안타깝게도 저자는 이 책을 다 쓰고나서야 이 책이 보완해야 할 것들이 너무 많은 책이라는 사실을 깨닫게 되었다. 그럼에도 불구하고 저자는 일단 이 책을 세상에 알리기로 마음먹었다. 왜냐하면 어떻게 하는지는 알려 주지도 않으면서 연구를 하라고 다그쳐서 누군가로 하여금 해서는 아니 될 일을 하게 만드는 것은 옳지 않은 일이기 때문이다.

이제 저자는 앞에서 소개한 이야기들이 '내 이야기'로 들리는 독자들에게 한 가지 비밀을 알려 주면서 글을 마치고자 한다. 영화 〈몬스터 주식회사〉에서 몬스터들은 공포심이 유일한 에너지원이라고 믿다가 우연한 기회에 웃음이라는 더 강력한 에너지원이 있다는 사실을 알게 된다. 그런데 몬스터들이 아직 모르는, 웃음보다 더 큰 에너지원이 있다. 연구자라면 누구나 한 번쯤은 '이젠 연구를 포기해야겠다'는 생각까지 하게 되는 좌절을 경험하지만 어느 순간이 되면 반드시 '아! 바로 이거구나!'라는 탄성과 함께 세상을 다 가진 것 같은 기쁨을 느끼게 된다. 세상에서 가장 강력한 에너지는 바로 그 순간 연구자가 느끼는 기쁨이다.

더 나은 세상은 더 나은 연구자들에 의해서 만들어진다. 아무쪼록 이 책이 그러한 연구자가 되고자 노력하는 이들에게(그리고 동료 연구자들에게도) 조금이나마 도움이 되기를 바라면서 이 책을 읽는 모든 독자에게 이 책이 더 좋은 책이 될 수 있도록 많은 의견과 조언을 아끼지 말아줄 것을 부탁한다.

2024년 2월 어느 날 밤,
달빛과 함께 Metallica의 〈Nothing Else Matters〉를 들으며
유태균

차례

PART 02 연구하기 I

PART 03 연구하기 II

PART 04 글로 옮기기

제 1 부

사회복지학 연구

1

연구 그리고 사회복지학 연구

호기심은 인간의 생태적 특성이며, 무지의 딸이며, 학문을 낳는 모체이다. 정신이 놀라움을 느끼면 호기심은 즉각 다음과 같은 습관을 불러일으킨다. 즉, 혜성, 해무리, 대낮의 별 등 이상한 자연현상을 보면 즉각 그것이 무엇이며, 무엇을 뜻하는가 하는 질문을 던지게 된다.

– Giambattista Vico, 1744.

"어떻게 그걸 아실 수 있지요?"

"궁금해 하기 때문이란다."

"아! 제 말은…… 선생님은 어떻게 그런 것들을 아실 수 있냐는 것입니다."

"어떻게 그런 것들을 모를 수 있느냐? 이 세상 모든 것이 우리에게 얼마나 많은 것을 말해 주고 있는데 왜 들으려고 하지 않는지 모르겠구나?"

"어떻게 생각하실지 모르지만 사실 저는 항상 주의 깊게 들으려고 노력하고 있습니다. 그런데……."

"그럼 오늘부터는 귀가 아닌 다른 것으로 한번 들어 보려고 노력해 보겠느냐?

"귀 말고 무엇으로 들으라는 말씀인지요?"

"네가 아까 처음 질문했을 때 궁금해하기 때문에 알 수 있다고 답하지 않았느냐? 세상이 우리에게 알려 주고 있는 이 모든 것을 누가 더 모를 것 같으냐? 듣지 못하는 사람과 궁금해 하지 않는 사람 중에서 말이다."

– 아주 먼 옛날 어떤 스승과 제자가 길을 걸으면서 했다고 전해지는 대화 –

1. 연구란 무엇인가?

이 장은 '사회복지학 연구란 무엇인가?'라는 질문에 대한 답을 찾기 위해 떠나는 원정의 첫걸음에 해당한다. 저자는 이 야심찬 원정을, 그나마 조금 덜 부담스러운 '연구란 무엇인가?'라는 질문에 대한 답을 찾는 과정에서부터 시작하고자 한다. 누구든지 저자에게 연구가 무엇인가라고 물으면 저자는 항상 연구란 [1-1]의 과정, 즉 물음표를 느낌표로 바꿔 나가는 다음과 같은 과정이라고 답한다.[1)]

? → ! [1-1]

이 책을 막 읽기 시작한 독자들이 '흠! 왠지 이 책 잘못 산 것 같은데……'라는 생각을 하면서 책을 덮기 전에 얼른 세 개의 단순한 기호의 조합에 불과한 [1-1]에 의미를 불어넣어 보기로 하겠다.

우리는 매일매일의 일상적인 삶 속에서 항상 그리고 끊임없이 무언가에 관한 질문을 하면서 산다. 오늘 아침에 일어나자마자 내가 무슨 질문을 했는지 한번 생각해 보자. 어떤 사람은 커튼을 열어 창밖을 내다보면서 '오늘 날씨는 어떨까?'라는 질문을 머릿속에 떠올렸을지 모르고, 어떤 사람은 전철 속에서 반대편으로 지나가는 전철 안의 사람들을 보면서 '저 사람들은 도대체 어디로 가는 것일까?'라는 질문을 했을 수도 있고, 인터넷 뉴스를 보면서 '도대체 이런 물리적 현상은 왜 발생할까?' '저런 사회문제는 왜 일어나지?'라는 질문을 했을지도 모른다. 우리의 삶은 이처럼 언제나 물음표로 가득한 삶이다. 그렇기 때문에 저자는 질문이 인간의 존재 이유인지는 아직 잘 모르겠으나 질문이 우리의 존재를 확인시켜 주는 (물론 Descartes는 사고라고 표현했다) 것임에는 틀림이 없다고 생각한다.

스스로에게 질문을 하든, 다른 사람에게 질문을 하든 우리가 어떤 '질문'을 하는 이

1) 물론 이는 저자가 내린 개념적 정의이다. 서구의 연구자가 어떤 개념 정의를 소개하면 "이 사람들은 자기만의 독창적인 생각을 이렇게 과감하게 발표해!" 라고 말하지만 한국인이 어떤 개념을 소개하면 "그런 개념은 없어요! 그렇게 정의한 사람이 외국 연구자 중에 누가 있나요?"라는 비난을 학문적 발전을 위한 건전한 평가라는 미명하에 쏟아내는 것이 우리의 현실임을 잘 알기에 미리 말해 둔다.

유는 우리가 무언가에 대해서 궁금해 하기 때문이다. 무언가에 대해서 궁금해 한다는 것은, 그 궁금함을 해소하기 위해 어떤 질문을 하는 바로 그 순간(그것이 찰나에 가까운 짧은 순간일지라도) 우리 머릿속에는 그 질문에 대한 답이 존재하지 않는다는 것을 의미한다. 좀 더 정확하게 말하면 그 답에 해당하는 지식 또는 정보(이하 지식)가 우리 머릿속에 없다는 것이다. 그렇기 때문에 무언가에 대해서 궁금함을 느끼고, 그 궁금함을 하나의 질문으로 형식화하는 바로 그 순간, 우리는 '지식의 부재' 상태를 경험하게(우리가 그러한 경험을 하고 있다는 것을 인식하든, 인식하지 못하든 상관없이) 된다.

그럼 이제 지금까지 한 이야기들을 역순으로 거슬러 올라가면서 다시 생각해 보자. 만일 우리가 지식의 부재 상태를 극복하기 원한다면 당연히 우리는 그렇게 하기 위해 필요한 지식을 얻고자 할 것이다. 아주 많은 노력과 그리고 못지않게 많은 행운이 따라 줘서 필요한 지식을 얻는다면 바로 그 순간에 우리는 우리가 가졌던 질문에 답할 수 있게 될 것이고, 질문에 대한 답을 구할 때 우리는 [1-1]의 과정, 즉 물음표를 느낌표로 바꿀 수 있게 된다.

연구란 바로 이러한 과정, 즉 무언가에 관한 궁금함으로부터 시작해서 그 궁금함을 질문의 형식으로 표현한 다음, 자신이 그 질문의 답에 해당하는 지식을 가지고 있지 않다는 지식의 부재 상태를 경험한 다음, 그 답답함에서 벗어나기 위해 필요한 지식을 만들어 내거나 찾아가는 과정이다.

연구를 이렇게 정의할 때, 우리는 어떤 연구는 눈 깜빡할 사이에 끝난다는 것을 안다. 예를 들면, 자신 앞에 놓인 커피가 얼마나 뜨거운지 알고 싶다거나, 지금 밖에 비가 오고 있는지 궁금하다거나, 이 사람이 내 글을 정말 좋아하는지 알고 싶어 하는 등의 경우이다. 그런가 하면 어떤 연구는 답을 구하는 데 한 시간, 한 달 또는 일 년이 걸릴 수도 있고, 어떤 연구는 평생을 바쳐도 답을 구하지 못할 수도 있다. 아마도 '우주란 무엇인가?' 같은 질문이 바로 그런 질문일 것이라고 생각된다.

물음표가 느낌표로 바뀌기까지 걸리는 시간이 비교적 짧은 연구는 반드시 그런 것은 아니지만, 지식 그 자체가 부재하기 때문이기보다는 지식은 존재하되 내가 그 지식을 어디서 어떻게 찾는지를 모르기 때문에 [1-1]의 과정이 진행되지 않는 경우에 해당한다. 이런 연구는 학문이라는 보물 창고에서 자신 이전에 존재했던 수많은 사람이 만들어 내서 축적해 놓은 지식이라는 보물을 찾아내기만 하면 쉽게 끝난다.

이와 달리 어떤 연구는 [1-1]의 과정이 끝나기까지 상당히 오랜 시간이 걸린다. 이런 경우는 역시 반드시 그런 것은 아니지만 정말로 지식이 존재하지 않는 경우이다. 그렇기 때문에 지식을 찾는 것이 아니라 만들어 내야만 연구가 종결된다. 지식을 찾는 연구가 퍼즐 조각을 맞추는 것이라면 이 경우는 퍼즐 조각을 만드는 것이다. 연구의 위계를 정할 의도는 전혀 없으나 저자는 위험을 감수하고라도 연구를 후자의 경우로 좁게 정의하는 것이 바람직하다고 생각한다.

당연히 독자들 중에는 '왜 그런가?' '그렇다면 전자는 무엇인가?'라는 질문을 던질 것이다. 저자는 전자를 연구라기보다는 교육이라고 생각한다. 교육을 받은 모든 사람이 연구자가 되지는 않는다. 불편하지만 현실을 직시해 보자. 우리 이전 세대가 경험했고 저자도 경험했지만 아직도 우리 사회에서 행해지고 있는 교육은 지식을 만들어 낼 수 있는 역량이나 지식을 찾는 방법보다는 만들어진 지식을 '복사하여 붙여 넣기' 하는 방법을 전수하는 데 가장 큰 비중을 두고 있다. 꽤 오래전부터 교육의 비중이 나머지 두 가지 것으로 옮겨 가야 한다는 생각이 사회적 합의를 거쳐 제도로 표현된 사회도 있는데 말이다. 절대적 평등이라는 가치가 교육 평준화를 절대적인 선으로 만들어 놓은 사회에서 그런 교육은 불가능하다고까지 말할 수는 없으나 기대하기 어렵다.

우리의 현실이 이러하기 때문에 연구하는 사람, 즉 연구자를 양성하는 교육과정은 달라야 한다. 그런데 안타깝게도 그런 교육과정이 더하면 더했지 절대 덜하지 않다는 것을, 적어도 책을 읽는 사람이라면 그러한 교육과정을 체험했거나 체험 중일 것이기 때문에 누구보다 잘 알고 있을 것이다. 박사학위는 퍼즐 조각 찾기 능력보다는 부재한 퍼즐 조각을 스스로 만들어 낼 수 있는 능력, 즉 독자적으로 연구할 수 있는 능력에 대한 인정이어야 한다. 그랬으면 좋겠다는 바람이다.[2)]그리고 그 바람이 이 책을 쓰게 된 이유 가운데 하나이다.

사회복지학은 실천학문이다. 그리고 과학이다. 그렇기 때문에 지식을 생산할 수 있는 역량을 기를 수 있는 교육을 해야 전문 연구자를 양성해야 한다. 그래야만 우리 사회의 복지 증진을 위해 고군분투하는 과정에서 직면하게 된 독특한 물음표를 다른

2) 그리고 그 바람이 이 책을 쓰게 된 이유 중 하나이다.

전문인이 아닌 우리 스스로가 느낌표로 바꿀 수 있기 때문이다.

2. 사회복지학 연구란 무엇인가?

연구에 관한 이상과 같은 개념적 이해를 디딤돌 삼아 이제 그럼 '사회복지학 연구란 무엇인가?'라는 질문으로 옮겨 가 보기로 하자. 얼핏 보기에도 만만치 않아 보이는 이 과정의 첫걸음으로서 저자는 사회복지학이 과학(더 구체적으로 말하면 사회과학)이라는 사실을 독자들에게 상기시키고자 한다. 사회복지학 연구도 연구이므로 지식의 부재에 대한 인식을 바탕으로 부재한 지식을 얻어 가는 [1-1]의 과정이다. 그런데 그 과정이 사회복지학 연구라고 불릴 수 있으려면 어떤 조건이 만족되어야 하는지를 사회복지학이 과학이라는 사실에서 한번 찾아보자는 것이다.

아마도 그러한 조건이 무엇이어야 하는지에 대해서는 사람마다 서로 다른 생각을 가질 수 있을 것이다. 저자는 '부재한 지식을 얻는 과정'이라는 애벌레가 '사회복지학 연구'라는 나비로 진화하려면 [1-2]에 제시된 두 가지 조건이 필요하다고 생각한다.

조건1: [1-1]의 과정은 설득력이 있어야 한다. 조건2: [1-1]의 과정은 사회복지실천에 필요한 지식을 생산해내는 과정이어야 한다.	[1-2]

첫 번째 조건은 사회복지학이 과학인 이상 어떤 연구가 사회복지학 연구가 되기 위해서는 지식을 얻는 과정이 '설득력'이 있어야 한다는 것이다.[3] 이 조건은 사실 모든 학문에 적용되는 일반적인 조건이다. 지식을 얻는 과정이 설득력이 있어야 한다는 말은 달리 표현하면 어떤 지식을 얻고자 하는 주체가 자신의 행위 과정을 분명하

3) 이 말은 Karl Popper가 말한 과학의 속성과 다를 바 없다. Popper는 과학과 비과학을 구분하는 기준으로서 반증(falsification) 가능성을 제시하였다. 자세한 내용은 이한구 역(2001)와 Popper, K. (1989), 그리고 인터넷상의 자료인 Science as Falsification(http:// www2.winthrop.edu/login/uc/hmxp/Science%20as%20Falsification%20Resource.pdf, 2018. 3. 25. 추출), Science as Falsification(https://staff.washington.edu/lynnhank/Popper-1.pdf, 2018. 3. 25. 추출)을 참조하기 바란다.

게 보여 줘야 한다는 것이다. 그렇게 함으로써 원하는 사람이면 누구나 연구자의 [1-1] 과정을 적어도 관념적으로라도 이해할 수 있게 해야 하고, 어떤 지식이 어떤 과정을 통해서 얻은 지식인지 알 수 있게 해야 한다. 그리고 그러한 이해를 바탕으로 사람들이 연구자의 [1-1] 과정에 대해서 '그렇다면 납득이 되네!'라고 인정하거나 '아니야, 그렇다면 이건 말이 되지 않지!'라고 부정할 수 있어야 한다는 것이다.

저자가 제시한 이 '설득력' 조건은 상대적인 조건이다. 당연히 '다수의 사람', 그리고 '인정하거나 부정할 수 있는 근거' 두 가지 것 모두가 정도(degree)의 문제가 아닌가라는 비판을 받을 수 있다. 그러나 적어도 이 조건은 어떤 연구자의 [1-1] 과정이 권위나 관습이나 전통을 근원(sources)으로 삼아 지식을 얻는 과정은 아닌지를 판단하는 기준으로 사용될 수 있을 정도의 유용성은 분명히 가지고 있다.

그렇기 때문에 이 조건은 매우 중요한 조건이다. 저자는 이 조건을 판단 기준으로 사용하여 '이제까지 그래 왔기 때문에' 혹은 '어떤 존재가 했거나 혹은 했다고 믿어지니까'라는 생각이 지배하는 [1-1] 과정은 사회복지학 연구가 될 수 없다고 생각한다.[4)]

이제 사회복지학 연구가 갖추어야 할 두 번째 조건을 살펴보기로 하자. 이 조건은 사회복지학이 갖는 학문적 특수성이 반영된 조건이다. 일반적으로 사회복지학 연구자들은 사회복지학이 실천학문이라는 입장에 동의하며, 더 나아가서 실천학문이라는 특성을 사회과학의 다른 학문들과 사회복지학을 구분 짓는 핵심적 차이로 꼽는다.

이러한 학문적 특성을 고려할 때 사회복지학 연구가 갖춰야 할 또 한 가지 조건은 자명해진다. 사회복지학 연구는 사회복지실천에 필요한 지식을 생성하기 위한, 그리고 실제로 생성해 내는 연구이어야 한다는 것이 바로 그것이다.[5)]

이 정의를 접한 사회복지 연구자들 중 일부는 아마도 불편한 마음을 갖게 될 것이라 예상된다. 저자는 사회복지실천을 [1-3]과 같이 정의한다.

---

4) 권위, 관습 및 전통을 원천(source)으로 하는 지식과 과학적 지식의 차이에 관한 논의는 유태균 역(2012)을 참조하기 바란다. 또한 과학적 지식의 원천과 비과학적 지식의 원천의 차이를 영화를 통해 이해하고자 하는 독자들에게는 두 편의 매우 흥미로운 영화 〈The Name of the Rose〉(1986, Jean Jacques Annaud 감독)과 〈Agora〉(2009, Alejandro Amenaba 감독)를 볼 것을 추천한다.

5) 이 책의 제2장과 제7장에서 보다 자세히 논의하겠지만 저자는 이 기준이야말로 어떤 연구를 사회복지학 연구로 인정할 수 있는지 여부를 판가름하는 유일한 기준이라고 생각한다.

사회복지 전문인이 사회 및 사회구성원의 복지증진을 위해 행하는, 계획된 변화를 이끌어 내는 노력	[1-3]

이제까지 사회복지학 연구자들 사이에서 실천의 의미는 [1-3]과 매우 달랐기 때문이다. 이에 대해서는 제2장에서 좀 더 논의하기로 하겠다.

사회복지실천의 핵심은 '계획된 변화'이다. 계획된 변화(planned change)는 무작위적 변화(random change)와 대비되는 개념이다. 사회복지 전문가는 변화를 일으킬 수 있어야 한다. 그리고 그 변화는 계획된 그렇기 때문에 통제할 수 있는 변화이어야 한다. 변화를 통제할 수 있다는 것은 변화의 내용(content), 방향(direction), 그리고 정도(degree)를 조절할 수 있다는 것을 말한다. 변화를 조절할 수 있는 능력이야말로 전문가(직)와 비전문가(직)를 구분하는 기준이기에 사회복지는 계획된 변화를 일으킬 수 있을 때 전문직으로 인정받는다.

사회복지실천은 현재의 복지수준에 대한 불만족에서부터 출발한다. 현재의 복지수준에 대한 불만족은 사회나 사회구성원이 직면한 문제[6]에 대한 인식에서부터 싹튼다. 사회복지 전문인은 자신이 인식한 문제가 사회와 사회구성원의 복지 수준을 증진시키기 위해 '해결해야 할 문제'라고 확신할 경우, 문제를 단순히 '인식'하는 차원에서 머무는 것이 아니라 '해결'하기 위한 노력을 펼쳐야 한다. 당연히 그러한 노력은 전문적 노력이어야 한다.[7] 저자에게 사회복지실천이란 바로 이런 것이다.

이제 다시 사회복지학 연구가 갖춰야 할 조건으로 되돌아가 보자. 저자에게 있어서 '사회복지학 연구는 사회복지실천에 필요한 지식을 생산하는 연구이어야 한다'는 말은 사회 또는 사회구성원의 복지 증진을 위해 계획된 변화를 일으키는 데 직접적으

6) 저자는 이 책에서 '문제'라는 용어를 두 가지 의미로 사용한다. 첫 번째는 우리에게 매우 친숙한 어떤 부정적인 상태 또는 상황이라는 의미이다. 두 번째 의미는 해결 또는 달성해야 할 것이라는 의미이다. 이 책에서 아직 실현되지 않은 더 높은 수준의 복지에 다다를 수 있는 가능성을 문제라고 정의하는 것은 그 가능성이 해결 또는 달성해야 어떤 것이기 때문이다.

7) 어떤 전문직의 전문성을 해당 전문직이 평가하는 것은 사실 무의미하다. 모든 전문직의 전문성에 대한 평가는 사회(또는 사회 구성원)가 할 때만 의미가 있다. 저자가 생각하기에 사회는 그러한 평가를 할 때 일반적으로 다음과 같은 세 가지 기준을 잣대로 사용하는 것 같다. 첫째, 변화를 일으킬 수 있는 능력이 얼마나 되는가?, 둘째, 변화를 조절할 수 있는 능력이 얼마나 되는가? 셋째, 다른 전문직보다 해당 전문직이 그러한 변화를 이끌어 낼 때 더 바람직한 결과가 나타날 것이라고 어느 정도 확신할 수 있는가?이다.

로 도움이 되는 지식[8)]을 얻기 위한 연구를 의미한다. 달리 표현하면 그 지식은 구체적인 문제를 해결하는 데 필요한 지식을 말한다.

이 기준 역시 첫 번째 기준과 마찬가지로 매우 상대적인 기준이다. 그러나 적어도 이 기준은 문제 또는 사회현상에 대한 이해 그 자체에 주안점을 두는 연구와 사회복지연구가 어떻게 다른지(혹은 달라야 하는지) 이해하게 해 주는 유용성을 가진 기준이다. 좀 더 구체적으로 말하자면 문제를 인식하는 데 필요한 지식이 사회복지실천과 간접적인 관련이 있는 지식이라면 직접적인 지식은 문제를 해결하고자 계획된 변화를 일으키는 데 필요한 지식이고, 사회복지학 연구는 후자의 지식을 생산해 내는 연구이어야 한다는 것이다.

물론 이러한 주장을 통해서 저자가 문제인식이 문제해결에 있어서 매우 중요하다는 것을 부정하거나 올바른 문제인식이 문제해결을 위한 노력에서 차지하는 비중을 과소평가하려는 것은 결코 아니다. 저자가 의도하는 바는 사회복지 연구는 변화의 방향(direction), 내용(content), 그리고 정도(degree)에 관한 지식을 생산하는 연구이어야 한다는 점을 강조하는 것이다. 다시 말해서 사회복지연구는 뚜렷한 문제의식은커녕 '정책 함의'라는 소제목 아래에 지극히 상식적인 수준의 바람이라고 이미 알려진 지식을 장황하게 늘어놓는 연구가 아니라 무엇을 어떻게 해야 할지를 구체적으로 제시하는 연구이어야 한다는 것이다.

3. 잘된 연구란?

연구와 사회복지연구에 관한 논의에 이어서 이번에는 잘된 연구란 어떤 연구를 말하는지에 대해서 생각해 보기로 하자. 본격적인 논의에 앞서 이 책의 이하 내용에서 달리 구분하여 서술하지 않는 이상 연구란 곧 사회복지연구를 의미하는 것으로 이해해 줄 것을 독자들에게 당부하고자 한다.

먼저, 잘된 연구가 어떤 연구인지를 왜 알아야 하는지에 대해서 생각해 보자. 그 이

8) '직접적으로 도움이 되는 지식'에 관한 자세한 논의는 제3장에서 하기로 하겠다.

유는 분명하다. 앞서 소개한 사회복지학이 가진 학문적 특수성에 비춰 볼 때, 잘된 연구는 그렇지 않은 연구에 비해서 사회복지실천에 더 도움이 된다. 그리고 사실 학문적 특수성을 고려하지 않더라도 연구란 지식을 얻기 위해 하는 것인 이상 얻고자 하는 지식을 실제로 얻으려면 연구는 잘하는 것이 마땅하다. 그렇기 때문에 모든 연구자는 자신의 연구가 잘된 연구가 되기를 바란다. 따라서 "잘된 연구란 어떤 연구인가?"라는 질문에 대한 답은 "연구자가 얻고자 하는 지식을 실제로 얻을 수 있는 연구"가 된다. 그리고 잘된 연구에 관한 논의는 그 핵심이 지식을 얻는 방법, 즉 어떻게 하면 얻고자 하는 지식을 얻을 수 있는가에 있다는 것을 자연스럽게 깨달을 수 있다.

결론부터 말하자면 저자는 어떤 연구가 연구자가 원하는 지식을 얻을 수 있는 연구가 되려면 그 연구는 논리적 일관성을 가지고 있어야 한다고 생각한다. 잘된 연구에서 찾아볼 수 있는 논리적 일관성이란 [그림 1-1]에 제시된 네 가지 요소 간의 조화를 말한다.

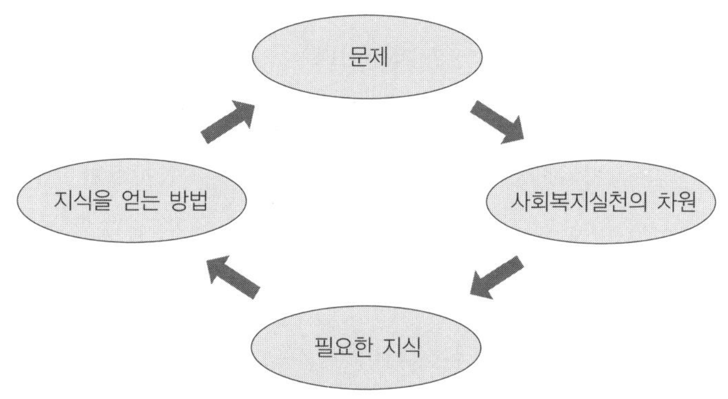

[그림 1-1] 잘된 사회복지학 연구가 갖추어야 할 조건

연구의 논리적 일관성을 설명하기에 앞서 [그림 1-1]에 제시된 연구의 과정을 간략하게 살펴보기로 하자. 앞서 언급했던 바와 같이, 사회복지학연구의 첫 단계는 해결해야 할 문제, 즉 사회복지실천 과제에 대한 인식이다. 일단 해결해야 할 문제를 인식하게 되면 연구자는 연구의 출발점인 '물음표'를 갖게 된다. 그다음 단계로 연구자는 파악된 문제를 해결하기 위해서는 사회복지실천의 차원들 중 어느 차원에 해당하는 노력이 필요한지 판단해야 한다. 이 과정을 통해서 연구자는 파악된 문제를 해결하기 위해 어느 차원에서 어떤 노력이 이루어져야 하는지를 이해함과 동시에 그러한

노력을 해 나가는 데 어떤 지식이 필요한지, 그리고 더 나아가서 필요한 지식 중 어떤 지식이 부재한지를 파악할 수 있게 된다.[9] 이제 남은 과제는 필요하지만 부재한 지식을 얻는 것이다. 이 단계에서 가장 중요한 것은 필요한 지식을 얻기에 가장 적합한 방법을 찾는 것인데, 이 원정의 출발점은 얻고자 하는 지식의 성질이 어떤 인식론적 입장에서 말하는 지식의 성질인지를 이해하는 것이다. 일단 이 과정을 거치고 나면 연구대상, 단위, 구체적인 연구방법은 자연스럽게 결정된다.

저자가 말하는 논리적 일관성을 갖춘 연구는 [그림 1-1]에 제시된 네 개의 단계 가운데 특정 단계에서 내려지는 결정의 내용이 이전 단계들에서 내려진 결정의 내용과 논리적으로 부합하는 연구이다. 물론 상이한 단계들 간의 결정 내용이 부합하는지 여부를 판단하는 절대적인 기준은 없다. 즉, 정도(degree)의 문제일 뿐이다. 그러나 분명한 것은 이들 네 가지 단계에서 내려지는 결정의 내용이 논리적 일관성을 가질수록 연구를 통해 얻은 지식은 애초에 연구자가 필요로 했던 문제해결을 위해 필요한 지식일 가능성이 높아진다는 것이다. 이는 저자가 많은 연구를 접하면서, 그리고 연구 경험을 통해서 얻은 신념에 가까운 지식이다.

네 가지 단계 각각에서 내려진 결정들이 서로 논리적 일관성을 갖는다는 말은 무엇을 의미하는가? 만일 저자에게 이 질문에 대한 답을 당장 제시하라고 재촉한다면 저자가 제시할 수 있는 답은 동어반복임이 분명하지만 [그림 1-1]이 될 수밖에 없다. 연구의 논리적 일관성에 관한 자세한 설명은 제1부의 마지막 장인 제3장에서 하고 있으므로 인내심을 가지고 이 책을 조금 더 읽어 볼 것을 권한다.

9) 저자는 어떤 문제가 해결되지 않는 이유로서 문제해결에 필요한 지식의 부재를 꼽는 것이며, 어떤 문제를 해결하기 위한 노력이 부재한 이유를(예를 들면, 문제를 해결하고자 하는 의지, 정치력, 자원 등의 부재) 지식의 부재로 단순화 내지 환원하고자 하는 것이 아님을 분명하게 이해하기 바란다.

2

사회복지학 연구, 실천, 그리고 인식론

난 기둥 없이 서 있는 집도, 날개 없는 비행기도 만들 줄 아는 경이로운 공학자들을 안다.
인식론에 대한 이해 없이도, 논리에 대한 이해 없이도 지식을 찾는 방법을 가르칠 수 있는 그들은 사회복지 연구방법론과 자료분석론을 가르치는 사람들이다.
나로서는 도저히 이해할 수 없다.
중력을 거스르는 방법과 공기의 도움을 받지 않을 수 있는 놀라운 비법을…….

하늘에 본 적도 없고 들어본 적도 없는 어떤 것이 있을 때 '왜'와 '어떻게'를 먼저 묻는 사람들이 있다.
그들에게 '무엇'은 알 필요가 없는 것인가 보다.
누군가 그들에게 "저것이 무엇인가요?"라고 물으면 그들은
어떻게 해야 하는지 그리고 왜 그렇게 해야 하는지를 떠들어 댄다.
그들은 오늘도 실천론, 실천기술론, 그리고 인간의 삶에 관한 수많은 분야론을 전파한다. '존재'에 대한 이해 없이도 말이다.

난 마법 피리를 부는 사람에게 이끌려 어디론가 사라졌다 나타난 아이들처럼
누가 조상이고 누가 후손인지 도무지 알 길 없는 한 종족을 알고 있다.
이들은 서로가 서로를 베껴 대다가 심지어는 서로가 잘못 베낀 것마저도 베껴야 하는 운명에 처한 가련하기 짝이 없는 종족이다.

이들의 이름은 사회복지학 교과서이다.
이들은 고민해야 할 이유도, 사고할 이유도, 이웃을 의심할 이유도 없는 마음 편한 종족이다.
그래서인지 한 권의 교과서가 만들어지기까지 걸리는 번식기는 길어야 한 달이다.

- 유태균, 2013.

1. 사회복지실천의 차원

앞서 제1장에서 저자는 사회복지실천을 사회복지 전문인이 사회와 사회구성원의 복지 수준을 증진시키기 위해 행하는 계획된 변화를 이끌어 내는 노력이라고 정의하였다. 저자는 이러한 계획된 변화를 이끌어 내는 노력을 [그림 2-1]에 제시된 것과 같이 세 가지 차원으로 구분한다.

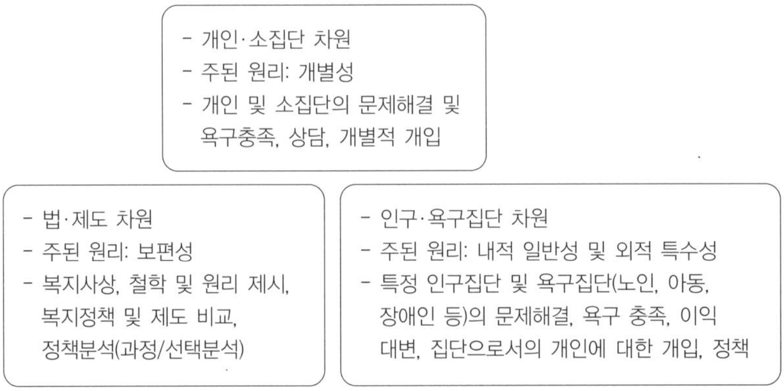

- 개인·소집단 차원
- 주된 원리: 개별성
- 개인 및 소집단의 문제해결 및 욕구충족, 상담, 개별적 개입

- 법·제도 차원
- 주된 원리: 보편성
- 복지사상, 철학 및 원리 제시, 복지정책 및 제도 비교, 정책분석(과정/선택분석)

- 인구·욕구집단 차원
- 주된 원리: 내적 일반성 및 외적 특수성
- 특정 인구집단 및 욕구집단(노인, 아동, 장애인 등)의 문제해결, 욕구 충족, 이익 대변, 집단으로서의 개인에 대한 개입, 정책

[그림 2-1] 사회복지 실천의 세 가지 차원

이러한 사회복지실천의 세 가지 차원에 관한 본격적인 논의에 앞서 저자는 다음과 같은 두 가지 것을 먼저 말해 두고자 한다. 첫째, [그림 2-1]의 구분은 사회복지실천의 차원이 '~이어야 한다'라는 당위성에 기초한 구분이 아니라 역사적 경험 과정 속

에서 발견된 '∼이다'라는 귀납적인 구분이다.[1] 둘째, [그림 2-1]의 차원 구분은 사회복지실천에 있어서 대상의 구체성, 대상의 포괄성, 결과의 직접성, 그리고 주된 실천원리를 기준으로 한 구분이다. [그림 2-1]의 구분 간과 기존의 사회복지실천 영역 구분 간에는 유사성보다는 상이성이 더 많으며, 그렇기 때문에 어떤 사회복지 연구자들은 이러한 구분에 대해 거부반응을 보일 수 있을 것이라고 생각한다. 그런 연구자들을 위해 일단 여기서는 이 실천 차원 구분은 '∼이어야 한다'가 아니라 '∼이다'에 해당하는 구분이라는 것만 다시 한 번 강조하고 더 자세한 논의는 이 장의 뒷부분에서 하기로 하겠다.

[그림 2-1]의 세 가지 차원 중 첫 번째 차원은 개인·소집단 차원이다. 이 차원을 차원1이라고 부르기로 하겠다. 차원1은 개인 또는 익명성이 존재하기 어려울 정도로 작은 규모의 소집단을 실천의 대상으로 한다. 따라서 대상의 구체성이 매우 높다. 차원1에서 사회복지 전문인이 이끌어 내기 위해 노력하는 계획된 변화는 개인·소집단의 복지 수준 향상을 최우선 혹은 일차적 목적으로 하며, 변화의 방향, 정도, 내용 및 결과는 대상과 환경 (대상을 둘러싼) 가운데 대상에 더 직접적이다. 그리고 개인이나 소집단을 대상으로 하는 실천이니만큼[2] 차원1의 실천가가 가장 필요로 하는 지식은 개인·소집단에 관한 것이며, 실천 과정에서 개별성과 특수성이 가장 주된 원리로 작동한다.

사회복지실천의 두 번째 차원인 차원2는 인구·욕구집단 차원이다. 특정 인구학적 특성 또는 사회적 특성을 공유하는 익명성이 높을 수밖에 없을 정도로 다수인 개인, 집단 또는 조직으로 구성된 집단이 실천의 대상이다. 이 차원에서는 계획된 변화를 이끌어 내기 위한 사회복지 전문인의 노력이 구체적인 개인·소집단보다는 대상 전체의 복지 증진에 맞추어진다. 따라서 차원2의 실천가에게는 대상이 공유하고 있는 인구학적 특성이나 욕구에 관한 지식이 상대적으로 더 중요하다. 주된 실천 원리는 대상 내적 영역에서는 보편성이고, 대상 외적 영역에서는 특수성이다.

마지막으로 사회복지실천의 차원은 절대다수의 사회구성원 또는 사회 전체를 대

1) 전자를 '규범적 진술(normative statement)' 후자를 '실증적 진술(positive statement)'이라고 한다.
2) 전통적으로 개별사회사업(복지)이나 임상사회사업(복지)이라고 불리는 사회복지실천 영역은 바로 이 첫 번째 차원에 해당한다.

상으로 하는 정책·제도 차원의 실천이다. 차원3의 실천은 사회를 구성하고 있는 절대다수의 개인 또는 조직 모두의 삶에 영향을 미치는 정책이나 제도에 대한 직간접적 개입을 통해 궁극적으로는 전체 사회, 즉 사회구성원 모두의 복지 수준 증진을 최우선 목적으로 한다. 따라서 이 차원에서 활동하는 사회복지 전문가들이 필요로 하는 지식은 사회, 법, 제도, 정책 등에 관한 지식이며, 주된 실천 원리는 보편성이다.

이 세 가지 차원의 사회복지실천 모두는 궁극적으로 '사람'을 위한 것이며, 그렇기 때문에 본질적인 목적에 있어서는 차이가 없다. 그러나 이들 간에는 대상 구체성, 대상 포괄성, 결과 직접성 및 실천 원리에 있어서 〈표 2-1〉과 같은 차이가 존재한다. 차원1은 대상 구체성과 결과 직접성이 세 가지 차원 가운데 가장 높은 반면, 대상 포괄성은 가장 낮다. 결과의 직접성은 '실천 결과가 실천 대상의 삶에 어느 정도의 관련성을 갖는가?'라는 기준이다. 결과의 직접성은 차원1이 다른 차원에 비해 가장 높은데 이 이유는 대상의 구체성이 가장 높기 때문이기도 하지만 실천의 범위가 가장 좁기 때문이기도 하다.

〈표 2-1〉 사회복지실천의 세 가지 차원 간 차이

기준	기준의 내용	차원1	차원2	차원3
대상 구체성	대상을 확인 또는 구분할 수 있는 정도	상	중	하
대상 포괄성	대상의 규모 또는 범위	하	중	상
결과 직접성	실천 결과와 대상 간의 관련성 정도	상	중	하
실천 원리	개별성, 특수성, 보편성, 일반성	개별성 특수성	내적 보편성 외적 특수성	보편성 일반성

차원1과 정반대 특성을 갖는 실천의 차원은 정책·제도 차원의 실천이다. 차원3은 대상의 포괄성은 세 가지 차원 가운데 가장 높다. 정책이나 제도는 결국 절대다수의 사회구성원에게 영향을 미칠 목적에서 만드는 것이기 때문이다. 반면에 대상의 구체성과 결과의 직접성은 가장 낮다. 정책·제도와 실천의 궁극적인 목적(대상)인 '사람' 간에는 종종 양자가 전혀 무관한 것이 아닌가라는 생각이 들 정도의 동떨어짐이 존재한다. "현실과 동떨어진 정책"이라는 말이나 "삶 속에서 전혀 느껴지지 않는 변화"라는 말이 바로 이 동떨어짐이 명목적인 것이 아니라 실질적인 것임을 우리에게 말해

준다. 정책이나 제도에 대한 저항이 발생하는 이유 가운데 하나는 바로 이 동떨어짐, 즉 낮은 결과 직접성이다.

마지막으로 차원2는 네 가지 기준 모두에 있어서 차원1과 차원3의 중간적 특성을 갖는다. 인구·욕구 차원은 차원의 이름이 말해 주듯이, 실천의 대상이 개인보다는 크고 전체 사회구성원보다는 작다. 따라서 실천 차원2가 중간 특성을 갖는 것은 당연하다는 것을 쉽게 납득할 수 있을 것이다.

이상의 설명이 [그림 2-1]에 제시된 세 가지 실천 차원을 이해하는 데 어느 정도(충분하지는 않더라도) 도움이 되었으리라 생각한다. 그럼 사회복지실천의 차원에 관한 논의는 이것으로 마치기로 하고, 이제 제1장에서 말했던 '잘된 사회복지학 연구'가 어떤 연구인지를 이해하기 위해 필요한 또 한 가지 사전지식인 인식론에 대해 이야기해 보기로 하자.

2. 인식론

인식론은 지식에 관한 이론을 다루는 철학의 한 분야이다.[3] 지식에 관한 인식론적 입장 혹은 견해는 무엇에 주안점을 두고 구분하는가에 따라 다르게 구분될 수 있다. 저자는 이 장에서 지식의 근원과 지식을 얻는 방법을 주된 기준으로 삼아 인식론적 입장을 합리주의, 경험주의, 그리고 구성주의로 구분하겠다.

1) 합리주의

합리주의(rationalism)는 이성(reason)을 지식의 근원으로 보며, 이성을 이용한 연역적 추론을 지식을 얻는 그리고 정당화의 도구로 보는 인식론적 입장이다. 합리주의 인식론은 인간의 감각 경험과 독립적인 지식 세계가 존재한다고 보며, 직관과 연역적 이성적 추론을 통해 그러한 지식을 얻을 수 있다고 본다(Markie, 2015).

3) 인식론에 관한 좀 더 자세한 논의는 이병욱 역(1986)과 Hamlyn, D. W. (1970)를 참조하기 바란다.

합리주의 인식론에 대한 이해를 돕기 위해 다음과 같은 예를 생각해 보자. 중력의 존재를 알게 되기 이전에 누군가 '어떤 물체를 공중으로 던지면 그 물체가 공중에 머물러 있지 않고 왜 항상 땅에 떨어지지?'라고 묻는다면 사람들은 뭐라고 대답했을까? 아마도 사람들은 '무거우니까 그렇지' 또는 '당연한 것 아닌가?'라는 답이라기보다는 또 다른 질문을 질문한 사람에게 되던졌을 것이다.

그 당시 사람들이 말하는 '당연한 것'이라는 말은 결국 '모르겠는데'라는 말과 전혀 다르지 않았다는 것을 오늘날 우리는 잘 알고 있다. 그러다가 시간이 지나고 누군가 '그런데 정말 도대체 왜 그렇지?'라는 질문을 스스로에게 던지고 그 이유를 생각하던 끝에 '물체를 땅으로 끌어당기는 어떤 힘이 존재하는 것이 아닌가?'라는 생각을 하기에 이르렀을 것이다. 물론 우리가 알고 있는 중력이라는 것은 눈으로 볼 수 있는 것이 아니기 때문에 그런 어떤 힘의 존재에 대한 생각은 인간이 이성을 도구로 삼아 행한 지적 사고 과정을 통해 (물론 그 과정에서 합리주의에 이어 설명할 경험주의적 관찰 또한 당연히 이루어졌겠지만) 얻은 결과이며, 그러한 사고를 거듭한 결과로서 우리는 눈으로 관찰할 수 없는 중력이라는 힘의 존재를 알게 되었다.

또 다른 예를 들어 보기로 하자. 우리 인간은 달의 어떤 곳은 온도가 매우 낮다는 것을 인류가 달에 처음 발을 딛기 이전부터 알고 있었다. 이 지식 또한 이성을 도구로 한 논리적 사고 과정을 통해 얻은 지식이다. 인간을 달에 보낼 준비를 하던 NASA 연구자들은 우주비행사에게 어떤 옷을 입혀야 할지를 놓고 고민했다. 그들은 '태양빛을 받을 수 없는 물체는 태양빛을 받을 수 있는 물체보다 온도가 낮다'는 사실로부터 출발하여 연역적 추론과정을 통해서 보온력이 높은 옷이 필요하다는 지식을 얻게 되었다. 달은 공전은 하지만 자전을 하지 않으므로 (엄밀히 말하면 공전주기와 자전주기가 같다) 태양을 향하지 않은 달의 표면은 태양으로부터 복사열을 받지 못한다. 따라서 인간이 늘 볼 수 있는, 태양을 항상 등지고 있는 쪽의 달 표면은 온도가 낮을 수밖에 없다는 결론을 도출해 낸 것이다.

이런 예들을 통해 알 수 있듯이 합리주의 인식론은 이성을 도구로 한 사고를 통해 지식을 얻으며, 그렇게 얻은 지식이 우리가 알고자 하는 본질에 더 가까운 지식이라고 본다. 합리주의 인식론에서는 인식 주체와 분리되어 있는 인식 대상인 객관적 실재(reality)가 존재한다고 본다. 합리주의는 바로 그 객관적 실재(예를 들면, 물리적 세계)의 원리, 질서, 구조 등을 발견하고 설명하는 데 주안점을 둔다. 합리주의 인식론에 기반한 연구에서는 논리적 분석적 사고, 연역적 추론을 통한 입증, 지적성찰 등이 주된 연구방법으로 사용된다.

합리주의(rationalism)

분석의 세계
인식 주체와 객체의 구분 가능-객관적 실재(reality) 인정
관심사: 형이상학적(물리적) 세계의 구조, 법칙, 질서 이해. 실재의 내적논리(inner logic)를 파헤쳐 이론정립에 주안점을 둠
지식을 얻는 도구: 이성, 추론
연구방법: 분석적 사고, 연역적 추론을 통한 입증, 비판, 지적성찰
학문분야: 수학, 물리학, 철학, 법학, 경제학, 사회학

경험주의(empiricism)

경험의 세계
인식 주체와 객체의 구분 가능-객관적 실재 인정
관심사: 법칙과 인과관계에 대한 설명에 주안점을 둠. 현상으로부터 보편적 규칙성(regularity)을 찾아 인과법칙을 발견하거나 특정 현상이 보편적 법칙의 부분임을 확인하는 것을 목적으로 함
지식을 얻는 도구: 관찰과 감각적 경험
연구방법: 관찰, 실험, 귀납적 검증
학문분야: 자연과학, 역사학, 정치학, 행정학 등의 사회과학, 심리학

구성주의(constructivism)

주관의 세계
주체와 객체의 구분 불가-객관적 실재 부정
관심사: 인간의 말, 행위, 창조물에 내재된 의미와 의도에 대한 이해
특정 사례 탐구를 통한 상황에 대한 심층적 이해
지식을 얻는 도구: 주관, 통찰
연구방법: 해석, 구성
학문분야: 인문과학, 정신분석학

[그림 2-2] 세 가지 인식론적 입장: 합리주의, 경험주의, 구성주의

물론 이러한 합리주의적 연구방법이 물리적 세계 내의 원리, 질서, 구조를 발견하고 이해하는 데 유용하지만 합리주의적 연구방법이 자연과학 분야의 연구에서만 사용되는 것은 아니다. 인문과학이나 사회과학에서는 실재(reality)의 내적 논리를 발견

하고 이를 이론으로 정립하고자 하는 철학, 법학(특히 법철학), 경제학, 거시사회학 등의 여러 학문분야에서 합리주의 인식론에 입각한 연구방법론을 사용하여 지식을 얻는다.

합리주의 연구방법에 기초한 연구들이 갖는 특징은 자료(data)보다는 이론에 더 많은 비중을 둔다는 것이다. 그렇다고 해서 합리주의 연구방법에서 자료를 전혀 사용하지 않는 것은 아니다. 합리주의 연구에서도 자료는 당연히 사용된다. 다만, 합리주의 연구방법론에서의 자료는 이론이라는 추상적 모형을 뒷받침하기 위한 목적에서 주로 사용되며, 연구의 주된 초점은 자료를 통해서가 아니라 분석적이고 연역적인 추론을 통해서 이론을 도출하는 데 있다.

2) 경험주의

경험주의(empiricism) 인식론은 합리주의 인식론과 달리 감각적 경험과 관찰을 통해 얻은 지식이 올바른 지식이라고 보는 입장이다(Markie, 2015). 경험주의 인식론에 근거한 연구로는 우리가 이미 잘 알고 있는 종소리와 개의 행동 간의 관계를 관찰한 파블로브의 연구, 서로 다른 종류의 콩을 교배시키는 과정을 반복하여 이종교배법칙을 발견한 멘델의 연구, 갈라파고스섬의 동물을 관찰하여 진화론을 정립한 다윈의 연구, 사회 구성원이 차지하는 사회적 지위가 무엇에 의해 결정되는지를 관찰하는 연구, 인간의 호르몬 가운데 어떤 호르몬의 변화가 치매를 유발하는지를 밝히는 연구 등을 꼽을 수 있다.

이러한 연구들은 모두 관찰과 실험을 통해 지식을 생산해 낸 연구들이다. 자연과학분야에서 하는 실험이나 사회과학분야에서 설문지와 같은 조사도구를 사용하여 다수의 연구대상을 관찰하거나 소수의 연구대상을 반복 관찰하여 얻은 자료를 바탕으로 하는 연구나 '~에 영향을 미치는 요인에 관한 연구' 또는 '~에 관한 경험적 고찰' 등의 연구들은 모두 관찰과 실험을 바탕으로 한 경험주의적 연구에 해당한다.

경험주의 연구들이 갖는 또 한 가지 공통점은 규범적(normative) 연구가 아니라 실증적(positive) 연구라는 점이다. 즉, 우리가 말해야 하는 것은 '~이어야 한다' 또는 '~해야 한다'가 아니라 현실 세계를 관찰해 보건대 '~이다' 또는 '~하다'라는 것이다. 이는 달리 말하면 '지식의 객관성이 중요하다'는 것이다. 지식의 객관성을 담보하기 위해서는 지식을 얻는 주체인 관찰자가 자신이 관찰하고자 하는 대상인 객체로부터 동떨어져서 객관적인 관찰을 할 수 있어야 하는데, 경험주의는 합리주의와 마찬가지로 인식 주체와 분리되어 있는 인식 대상인 객관적 실재(reality)가 존재한다고 본다.

이러한 전제하에서 경험주의 연구들은 현상들 간의 인과관계를 규명하거나 현상들 사이에 존재하는 일반화 가능한 관계를 찾는 데 주안점을 둔다. 이를 위해서 경험주의적 연구에서는 이론에 근거한 연역적 접근보다는 실재의 속성을 반영하는 자료를 수집하고 분석하여 인과관계를 밝히는 귀납적 검증이 주된 연구방법의 핵심이 되며, 표준화된 자료수집방법과 정량적 통계분석과 같은 연구방법론을 사용한다.

3) 구성주의

인식론을 객관주의와 구성주의로 이분할 경우, 앞서 설명한 합리주의와 경험주의는 모두 인식 주체와 독립적으로 존재하는 객관적 실재를 전제로 하는 객관주의 인식론에 해당한다. 구성주의는 이러한 객관주의에 상대되는 인식론적 입장으로서[4] 인식의 주체가 주관적으로 만들어 내는 것, 즉 구성(construct)을 지식의 본질로 본다(Jonassen, 1991). 인식 주체의 주관적 구성이란 무엇인가? 효과적인 설명을 위해 한 가지 예를 들어 보기로 하자. 연인 관계에 있는 어떤 두 사람이 있다고 가정해 보자. 이 두 사람은 어떻게 연인이 되었을까? 아마도 이들은 처음 만난 후 연인이 되기까지 자신을 상대방에게 알림과 동시에 상대방에 대해서 알고자 하는 지식 습득 과정, 즉 연구과정을 거쳤을 것이다. 이 연구 과정에서 상대방에 대한 지식을 연역적 추론이나 설문지 같은 척도를 이용하여 상대방에 관한 지식을 얻는 사람은 극히 드물

4) 물론 이는 객관적 실재에 대한 입장을 기준으로 한 구분일 뿐임을 이해하기 바란다. 다른 기준을 적용하면 인식론적 입장은 달리 구분된다. 예를 들어, 지식의 구성을 기준으로 인식론적 입장을 구분할 경우 구성주의는 경험주의와 맥을 같이하는 인식론적 입장으로 분류된다. 경험주의는 인간의 인식이 합리주의가 말하는 이성이 아니라 감각 경험에 의해 만들어진다고 보며, 기존의 경험은 새로운 인식의 기초가 되기 때문에 새로운 인식은 (그리고 그 결과인 지식은) 항상 기존의 인식에 의해서 구성된다고 보기 때문이다. 경험주의의 이러한 관점은 구성주의에서 말하는 '인식 주체의 구성'과 맥을 같이한다. 구성주의에 관한 간결하고도 핵심적인 설명은 von Glasersfeld, E. (1992)를, 구성주의와 객관주의의 차이는 강인애(2002), pp. 1-38를 참조하기 바란다.

것이다.[5)]

어쨌든 자신이 관심을 갖게 된 어떤 사람에 대해 알고자 할 때 우리는 일반적으로 그 대상에 대한 피상적인 수준의 지식이 아니라 심층적이고 동시에 광범위한 지식을 얻고자 한다. 예를 들면, 그 사람이 가진 가치관, 사고방식, 생활방식, 좋아하는 것, 싫어하는 것, 버릇 등을 알고자 하며, 더 나아가서는 얻고자 하는 지식의 범위가 대상 그 자체를 넘어서서 그 대상이 다른 사람들과 어떤 관계 속에 있으며 심지어는 그러한 관계 속에 위치한 다른 사람들 예를 들면 대상의 가족, 친구 등에 대해서까지 알고자 한다. 한마디로 말해서 우리는 대상을 '통째'로 이해하기 위해 최선을 다한다.

이 연구 혹은 연애 과정에 있어서 한 가지 분명한 것은 연구자가 알고자 하는 대상이 연구자에게 아무런 영향을 미치지 않는 존재가 아니라는 것이다. 즉, 인식의 객체가 주체와 독립적으로 분리되어 있지 않다는 것이다. 사실 이 예에서 연구자가 대상으로부터 영향을 받지 않는다는 것은 생각할 수 없으며, 더 나아가서는 연구 자체가 아무런 의미를 갖지 못한다. 그렇기 때문에 인식의 주체가 객체로부터 영향을 받는다는 것은 당연하다고 여긴다. 이러한 입장은 객관주의와 (합리주의와 경험주의) 반대되는 입장이다.

이 예에서 또 한 가지 주목해야 할 점은 연구자의 주관이 그 어떤 것보다 중요하다는 점이다. 두 남녀 A와 B가 서로가 서로를 사랑하고 있음을 확인하고 상대방을 배우자로 선택했다고 가정해 보자. 두 사람이 이러한 결정을 내리게 되면 A와 B를 모두 아는 사람들 가운데 어떤 C라는 사람은 '도대체 A가 왜 B를 선택했는지 이해할 수 없다'고 할지도 모른다. C의 관점에서 보자면 A가 B를 배우자로 선택하게 근거가 적절하지 않다는 것이다.

그런데 A와 B에게 있어서 C의 이러한 생각이 중요한가? 중요한 것은 설령 나중에 그러한 선택이 적절하지 않다고 후회하는 경우가 발생하는 한이 있더라도 A와 B가 서로를 선택하는 것이 최적의 선택이라고 확신한다는 것이다. 이러한 A와 B의 확신은 당연히 연구자의 주관이 거의 모든 것을 차지하는 연구방법을 통해 얻어진 확신이

5) 물론 가능은 하겠지만 두 번째 만남에서 두 사람 중 어느 한 사람이 애정 척도를 들고 나와 서로가 느끼는 애정을 측정한다거나 연인이 될 수 있는 가능성에 대한 연역적 추론 결과를 상대방에게 설명하려고 한다면 대부분의 경우에 더 이상 상대방에 대해서 알아야 할 이유 자체가 없어져 버리는 결과가 발생할 것이다.

다. 이 연구의 목적은 자신의 배우자를 선택함에 있어서 A와 B가 '자신의 눈에 맞는 안경'인지 아는 것이며 그렇기 때문에 연구자의 주관성은 당연히 다른 사람들의 판단, 즉 객관성과 비교해 볼 때 더 큰 중요성을 갖는다.

아마도 이쯤에서 혹자는 '그런 지식은 너무도 주관적이고 상대적인 것인데 과연 그런 지식을 과학적 지식으로 볼 수 있는가?'라는 의문을 제기할 수도 있을 것이다. 그런 독자를 위해 저자는 다음과 같은 두 가지 것을 꼭 한 번 생각해 볼 것을 권하고자 한다. 첫째는 위의 예에 제시된 지식습득방법은 우리 인간이 역사를 기록하기 시작한 시점보다 훨씬 더 오래전부터 사용해 온, 그리고 이 글을 읽는 모든 독자의 부모들 또한 사용했을 뿐만 아니라 앞으로 독자들 가운데 상당수 또한 사용할 방법이라는 사실이다. 둘째는 우리는 거기서 그치는 것이 아니라 한걸음 더 나아가서 바로 그렇게 얻은 지식을 바탕으로 단 한 번뿐인 우리 인생과 그 인생을 구성하고 있는 매일매일의 삶을 계획한다는 사실이다.[6)]

아직도 뭔가 석연치 않아 하는 독자들을 위해서 한 가지 예를 더 들어 보기로 하겠다. 해마다 1월이 되면 거의 예외 없이 우리는 대통령의 연두 대국민 담화를 듣는 것에 익숙해져 있다. 대국민 담화가 끝난 뒤 모든 대중매체들은 앞을 다투어 대통령이 약 한 시간 남짓한 시간 동안 만들어 낸 텍스트(text) 안에 담긴 의미를 해석해서 국민들에게 전달한다. 결국 우리가 말을 하는 이유는 '의미'를 전달하기 위해서임을 생각해 본다면 말을 듣고 말 속에 담긴 의미를 해석하는 것은 너무도 당연한 것이다.

그런데 중요한 것은 우리가 자신이 해석한 혹은 다른 사람에 의해서 해석된, 대통령이 전달하고자 하는 '의미'에 대한 이해를 근거로 어떤 주식은 팔고 어떤 주식은 사는가 하면, 부동산을 구매할 계획을 앞당기거나 미루기도 하고, 앞으로 어떤 사업을 해야 할지 또는 앞으로 어떤 학문이 유망학문이 될지를 가늠하기도 한다. 만일 이러한 해석과 이해를 통해 얻은 지식이 너무도 주관적이고 상대적인 그래서 신뢰할 수 없는 지식이라면 도대체 우리는 왜 그러한 지식이 우리의 하나 밖에 없는 삶에 영향

6) 물론 어떤 독자는 '오늘날 우리 사회에 급증하고 있는 이혼율은 그런 방법을 통해 얻은 지식이 얼마나 부정확한 지식인지를 잘 보여 주는 것이 아닌가?'라고 반문할지도 모른다. 그런 독자들에게는 Karl Popper에게 있어서 과학과 비과학을 구분짓는 기준은 반증 가능성이며, 반증 가능성은 틀릴 수 있는 가능성이야말로 어떤 지식이 과학적 지식이 되기 위해 필요한 속성이라는 것을 말해 주고자 한다. Popper의 반증주의에 관한 보다 자세한 내용은 이한구 역(2001)을 참조하기 바란다.

을 미치는 것을 막기는커녕 남보다 한시라도 더 빨리 그러한 지식을 활용하여 스스로 우리의 삶에 영향을 주고자 하는가? 왜냐하면 그러한 지식 또한 분명히 그리고 매우 중요한 지식이기 때문이다.

그렇기 때문에 우리는 한용운의 「님의 침묵」에서 생각했던 '님'이 과연 무엇인지, Picasso가 그의 그림 〈Guernica〉를 통해서 사람들에게 알리고자 했던 것이 무엇인지를 각자가 제각기 다르게 해석하고 이해하는 것이 무의미하다고 말할 수 없으며 절대로 그렇게 말해서도 안 된다. 구성주의 인식론에서 말하는 지식은 바로 그러한 것이다. 즉, 새로운 백신이 부작용을 일으켜 백신을 접종한 사람이 사망할 수 있는 확률이 800만 분의 1이라면 그 백신은 '안전한 것'이라고 여기는 것이 마땅하지만 그 백신을 맞고 사망한 사람들의 가족에게는 800만분의 1의 확률은 그들의 삶을 나락으로 끌어내린 현실이다. 경험주의 인식론에서 말하는 지식은 확률이지만, 구성주의 인식론에서 말하는 지식은 가족을 잃은 사람들이 느끼는, 누구도 알지 못하는 감정이라는 것이다.

이제 어느 정도 짐작했겠지만 구성주의가 가진 합리주의나 경험주의와 다른 또 다른 입장은 인식 주체와 객체의 분리가 불가하다고 보는 것이다. 지식을 얻고자 하는 인식의 주체와 인식의 대상인 객체는 서로가 서로에게 영향을 주기 마련이며, 그렇기 때문에 양자를 분리하여 생각할 수 없다는 것이다. 인식의 주체가 얻는 객체에 대한 지식은 인식의 주체와 객체 간의 관계에 따라서 영향을 받게 되기 때문에 객관주의가 말하는 객관적인 관찰을 한다거나 그러한 과정을 통해 객관적인 지식을 얻는다는 것은 생각하기 힘들다.

구성주의 지식은 인식 주체와 독립적으로 존재하거나 수동적으로 주어지는 것이 아니라 인식 주체의 주관에 의해 구성되는 것이다(Muller, 2011에서 재인용). 따라서 구성주의는 인식 과정에서 정작 중요한 것은 인식 주체가 가진 주관성이라고 보며, 보편·객관성을 가진 지식보다 상대·주관성을 가진 구성된 지식을 더 우위에 둔다. 합리주의가 분석의 세계이고, 경험주의가 경험의 세계인데 비해 구성주의가 주관의 세계라는 것은 구성주의가 가진 바로 이러한 특성을 말하는 것이다.[7)]

---

7) 포스트모더니즘과 맥을 같이하는 이러한 특성 때문에 구성주의가 최근에 등장한 인식론적 입장인 것처럼 잘못 이해되는 경우가 종종 있다. 홍은숙〔2007, 구성주의 인식론이 특수교육에 주는 시사점. 특수교육학연구,

구성주의 연구는 기본적으로 대상에 대한 이해를 필요로 한다. 예를 들면, 말, 글, 행위, 생각, 예술작품, 사회 현상, 사건, 사회적 가공물 등에 내재된 의미(meaning)와 의도성(intentionality) 등을 이해하는 것이다. 이해를 위해서는 의미와 의도에 대한 해석이 필요하다. 그리고 해석을 통해 얻은 이해를 바탕[8]으로 구성주의 연구자는 지식을 '만들어' 낸다. '발견'하는 것이 아니라. 즉, 구성주의 연구의 궁극적인 목적은 '주관적 이해'가 아니라 이해를 바탕으로 한 '주관적 구성'이다.

합리주의가 이성적 추론을, 그리고 경험주의가 관찰·측정을 도구로 사용한다면, 구성주의는 주관적 통찰, 창의[9] 등을 지식을 얻기 위한 도구로 사용한다. 이러한 도구들은 연구자의 주관성에 의존하는 도구이며, 그렇기 때문에 구성주의 연구에서는 서로 다른 연구자가 동일 연구 대상에 대해서 상이한 해석을 내리는 것이 문제시되지 않는 상대주의 연구방법이 인정된다. 이러한 연구방법을 주로 사용하는 학문분야로는 문학, 언어학, 기호학, 해석학 등의 인문과학과 정신분석학 등을 꼽을 수 있다.

3. 사회복지실천과 인식론

이제 논의의 초점을 사회복지실천 차원과 세 가지 인식론적 입장 간의 관계로 옮겨 보자. 저자는 사회복지실천의 세 가지 차원과 앞에서 소개한 세 가지 인식론적 입장 간에 [그림 2-3]과 같은 관계가 존재하는데, 사회복지실천의 세 가지 차원 중 정책·제도 차원은 합리주의 인식론과, 인구·욕구집단 차원은 경험주의 인식론과, 그리고 개

42(1). pp. 77-97]에 따르면, Glasersfeld(1992)는 Questions and answers about radical constructivism. In M. K. Pearsall (Ed.), Scope, sequence, and coordination ofsecondary schools science (Vol. 11, Relevant Research, pp. 169-182). NSTA에서 구성주의의 시작이 18세기 초반 이탈리아 철학자 Giambattista Vico까지 거슬러 올라간다고 보고 있다고 하였다. 그런데 사실 구성주의가 18세기에 출발했다기보다는 고대 소피스트들의 회의론과 상대론에서 출발하였으나 합리주의와 경험주의에 가려져 있다가 18세기에 구성주의라는 이름으로 사람들의 관심을 받기 시작했다고 보는 것이 더 타당한 것 같다. Giambattista Vico의 철학 사상은 이원두 역(1997)과 Thomas, G. B., & Fisch, M. H. (1968)를 참조하기 바란다.

8) 이때의 해석은 '옳은 이해'를 목적으로 하는 해석이 아니다. 구성주의와 해석학의 차이는 바로 여기에 있다.

9) 다시 강조하건대 구성주의에서 지식은 구성, 즉 만들어지는 것이다. 다음과 같은 Vico의 생각에는 창의가 구성을 위한 중요한 도구임이 잘 드러나 있다. "따라서 기억에는 세 가지 측면이 있다. 첫째는 사물을 상기하는 경우의 기억력과 그것을 변화시키거나 모방하는 경우의 상상력, 그것을 새로운 상황에 놓거나 적당한 배치나 관계에 옮기는 경우의 창의가 바로 그것이다(이원두 역, 1997, p.396)."

인·소집단 차원의 실천은 구성주의 인식론과 가장 잘 부합한다고 생각한다. 이때 '가장 잘 부합한다'는 말이 의미하는 바는, 예를 들어 어떤 문제를 해결하기 위해서 정책 및 제도 차원의 실천이 필요하다고 할 때, 정책 및 제도 차원의 실천을 위해 필요한 지식을 얻기에는 다른 인식론적 입장에 입각한 연구방법보다는 합리주의 인식론에 입각한 연구방법을 사용하는 것이 더 타당하다는 것을 말한다.

물론 그렇다고 해서 나머지 두 가지 인식론에 입각한 연구방법을 통해서는 정책 및 제도 차원의 실천에 필요한 지식을 얻을 수 없다는 것은 결코 아니다. 다만 [그림 2-3]에 제시된 사회복지실천의 차원과 인식론 간의 관계에 있어서 특정 사회복지실천 차원에 필요한 지식을 얻기에는 특정 인식론적 입장에 입각한 연구방법을 사용하는 것이 가장 타당하다는 것은 상대적인 개념에서의 타당성, 즉 정도(degree)의 문제라는 것을 분명히 말해 두고자 한다.

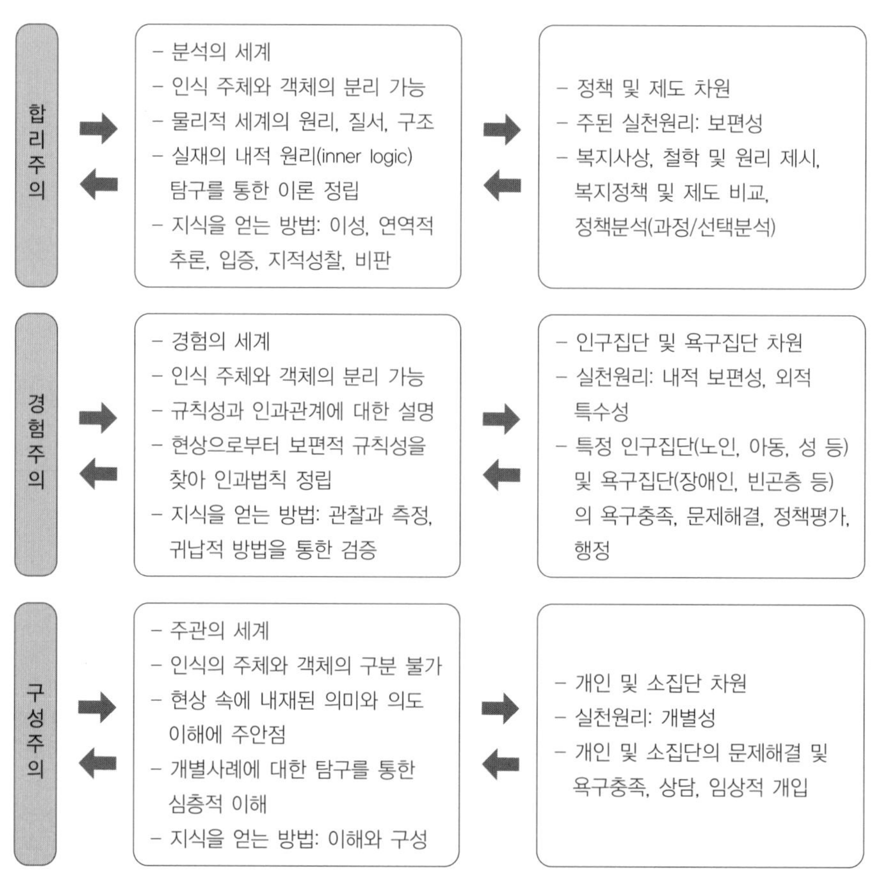

[그림 2-3] 사회복지실천의 차원과 인식론적 입장 간의 관계

저자에게 있어서 특정 차원의 사회복지실천에 필요한 지식을 얻기 위해서는 특정 인식론적 입장에 입각한 연구방법을 사용하는 것이 상대적으로 더 타당한지를 판단하는 기준은 필요한 지식의 종류, 지식을 얻는 대상과 단위, 그리고 지식을 얻는 방법 간의 논리적 일관성이다. 이러한 기준을 가지고 먼저 정책 및 제도 차원의 실천의 경우를 살펴보기로 하자.

앞서 '사회복지실천의 차원' 부분에서 언급한 바와 같이, 정책 및 제도 차원에서의 사회복지실천은 대부분의 경우에 사람이 아닌 정책이나 제도 그 자체가 가진 문제해결을 목적으로 한다. 예를 들면, '우리나라 사회서비스보장의 수준은 어느 정도인가?'와 같은 문제의식은 정책 및 제도 차원에서의 사회복지실천을 필요로 하는 대표적인 경우라고 하겠다. 그렇기 때문에 이 차원에서의 사회복지실천에 필요한 지식은 정책이나 제도 그 자체에 관한 지식이다. 동시에 정책이나 제도는 사회 구성원 전체의 삶에 영향을 미치는 바, 이 차원에서의 실천에 필요한 지식은 정책이나 제도에 의해서 영향을 받게 되는 모든 대상에 대해서 적용할 수 있는 보편적인 지식이어야 한다.

이 기준에서 볼 때, 이 차원의 사회복지실천에서 필요로 하는 지식은 [그림 2-3]에 제시된 바와 같이 구성주의 인식론보다는 합리주의 인식론 내지는 경험주의 인식론에서 말하는 지식에 더 가까우며, 더 나아가서 연구방법을 놓고 보자면 합리주의 인식론과 경험주의 인식론 중에서는 합리주의 인식론에 입각한 연구방법을 통해서 얻는 지식이 애초에 해결하고자 했던 문제를 해결하는 데 더 효과적인 지식이라는 것을 알 수 있다. 왜냐하면 첫째로는 이 차원에서의 실천에 필요한 지식의 내용은 정책이나 제도를 개선해 나가는 데 필요한 정책이나 제도의 내적 논리에 관한 지식이기 때문이며, 둘째로는 그러한 지식을 얻을 수 있는 대상은 정책이나 제도 그 자체이기 때문이고, 셋째로는 그러한 지식은 분석적 사고, 연역적 추론, 비판을 통해서 얻을 수 있는 지식이기 때문이다.

'사회보험을 조합방식으로 운영할 때와 통합방식으로 운영할 때 각각의 장단점은 무엇이며, 특정 가치를 실현하고자 한다면 두 방식 중 어느 것이 더 효과적인가?' '열등처우 원칙을 지키고자 한다면 누구의 급여와 부담을 각각 어떤 방식으로 그리고 어느 수준에서 정해야 하는가?' 'EITC 제도의 도입이 근로빈곤층에게는 도움이 되지만 기초생활보장 수급자들에게는 어떤 영향을 미치는가?' '우리나라는 유럽 대륙형,

영·미형, 북유럽형 복지체제 중 어떤 복지체제를 지향하는 것이 현실적인가?' 등의 질문에 대한 답을 구하는 것은 정책 및 제도 차원의 사회복지실천에 필요한 지식을 얻는 것이며, 이러한 지식은 합리주의 인식론에 입각한 연구방법을 통해서 얻고자 접근하는 것이 실제로 얻고자 하는 지식을 얻기에 가장 적합하다는 것이다.

이제 또 다른 실천차원인 인구·욕구집단 차원의 사회복지실천을 살펴보기로 하자. 이 차원의 사회복지실천에서는 동일한 문제 혹은 동일한 인구학적 특성을 공유하고 있는, 익명성이 존재할 수밖에 없을 정도로 많은 개인으로 이루어진 집단과 관련된 문제를 해결하는 것이 주된 관심사이다. 두말 할 나위 없이 이 차원의 사회복지실천에 필요한 지식은 인구·욕구집단에 관한 지식이다. 좀 더 구체적으로 말하자면 특정 인구·욕구집단이 직면한 문제, 처해 있는 상황과 조건, 가지고 있는 집합적 욕구, 특정 정책이나 제도가 특정 인구·욕구집단에 미치는 영향 등에 관한 지식을 말한다.

'정신장애를 가진 사람들이 갖는 사회적응에 있어서의 어려움은 다른 장애인 집단의 그것과 어떻게 다른가?' '자활사업에 참여하는 조건부수급자들에게 있어서 자활사업 참여율 감소라는 문제는 왜 발생하는가?' '최근 인상된 건강보험 본인부담금은 보험가입자의 의료서비스에 대한 접근성에 어떤 결과를 가져왔는가?' '대학교육과정에서 연구방법론에 관한 교육을 받은 적이 있는 사회복지전문가들과 그렇지 못한 전문가들 간에는 어떤 차이가 존재하는가?' 등과 같은 질문에 대한 답은 이 차원에서의 사회복지실천, 즉 인구·욕구집단의 복지증진을 위한 의도적 변화를 꾀하는 데 필요한 지식의 몇 가지 예가 될 수 있을 것이다.

이러한 지식은 앞서 살펴보았던 세 가지 인식론 가운데 경험주의 인식론에서 말하는 지식에 가장 가까운 지식이라고 할 수 있다. 왜냐하면 첫째, 앞의 예를 통해서 알 수 있듯이 이러한 지식은 특정 인구·욕구집단 내에서는 그 집단을 이루고 있는 모든 개인에 대해서 일반화할 수 있는 보편적인(즉, 대내적 보편성을 갖는) 지식이기 때문이다. 물론 이러한 지식의 보편성은 합리주의 인식론에서 말하는 지식의 특성이기도 하기 때문에 인구·욕구집단 차원의 사회복지실천에 필요한 지식이 보편성을 가진 지식이라는 것만으로는 이 차원에서 필요로 하는 지식이 경험주의 인식론에서 말하는 지식과 가장 가깝다고 말하기는 어렵다. 그러나 앞서 언급한 보편성과 더불어서 인구·욕구집단 차원의 실천에 필요한 지식이 특정 인구·욕구집단을 이루고 있는 집합체로서의 개인의 행위에 대한 관찰을 통해 얻어야 하는 지식이라는 점은 인구·욕구집단 차원의 사회복지실천에 필요한 지식과 경험주의 인식론에서 말하는 지식을 연결 짓는 또 하나의 특성이라고 하겠다.

정책 및 제도 차원의 실천에서 필요로 하는 지식이 주로 법칙과 이론을 출발점으로 한 분석적 사고, 추론 및 비판을 통해 얻는 지식인 것에 비해 인구·욕구집단 차원의 실천에 필요한 지식은 주로 집합체로서의 개인의 행위에 대한 관찰에 직접적인 관찰 없이는 얻기 힘든 지식이다. 또한 지식의 내용면에서 보더라도 인구·욕구집단 차원의 실천에서 필요로 하는 지식은 특정 인구·욕구집단의 행위에 대한 관찰에 근거한, 인과관계를 포함한 보편적 규칙성[10)]을 내용으로 하는 경우가 대부분이며, 이는 이론 정립을 주된 내용으로 하는, 그러면서 관찰을 하더라도 이론을 뒷받침하기 위한 목적에서 관찰을 하는 합리주의 인식론적 지식의 내용과는 차이가 있다. 이렇게 볼 때, 인구·욕구집단 차원의 사회복지실천에 필요한 지식은 필요로 하는 지식의 종류와 그러한 지식을 얻을 수 있는 대상 모두 경험주의 인식론에서 말하는 지식과 가장 가까운바, 지식을 얻는 방법 또한 경험주의 인식론에 입각한 연구방법을 통해 얻는 것이 가장 타당하다고 하겠다.

마지막으로 개인 및 소집단 차원의 사회복지실천은 [그림 2-3]에 제시된 바와 같이 세 가지 인식론적 입장 가운데 구성주의 인식론적 입장과 맥을 가장 같이한다. 앞서 설명한 바와 같이, 개인 및 소집단 차원의 사회복지실천에 있어서 가장 중요한 실천원리는 개별성과 특수성이다. 이는 이 차원에서의 실천이 개인 내지는 익명성이 존재할 수 없을 만큼의 소수의 개인들에 대해서 그들의 가치관, 사고방식, 대인관계방식을 포함한 행동방식, 문제해결능력, 그들이 처한 상황, 조건, 관련된 사람 등에 대한 직접적인 개입(방식과 정도의 차이는 있을지 모르나)을 통해서 이루어지기 때문이다. 달리 표현하자면 이 차원의 경우, 실천대상 단위는 개인 및 소수의 개인이며 각 개인은 저마다의 개인적 혹은 환경적 특성을 가지고 있기 때문에 그러한 특성을 중요시하지 않을 수 없다는 것이다.

개인 및 소집단 차원에서는 이처럼 개별성과 특수성이라는 실천원리가 중요하기

---

10) 예를 들면, '~이(하)면/이(하)기 때문에 ~이(하)다' 라는 내용의 지식을 말한다.

때문에 효과적인 사회복지실천을 위해서는 다수의 개인에게 일반화할 수 있는 보편적인 지식이 아니라 당연히 개인 내지는 소수의 개인에 관한 개별적이고 심층적인 지식이 요구된다. 이때 필요한 지식이 심층적인 지식이라는 말은 예외적인 경우가 있을 수는 있으나 일반적으로 지식을 얻고자 하는 대상에 대한 이해가 필요하다는 것을 뜻한다.

물론 이 차원에서의 사회복지실천에서는 흔히 이론이라는 보편적이고 연역적인 지식을 하나의 준거틀로 이용하여 실천대상에 대한 개입적 접근이 이루어진다. 그러나 어떤 이론을 준거틀로 선택할 것인지, 더 나아가서는 선택한 이론이라는 하나의 틀 속에서 구체적으로 어떤 접근을 어떻게 해 나가야 하는지를 판단하기 위해서는 실천대상인 개인에 관한 이해가 전제되어야만 한다는 것은 너무도 당연하다고 하겠다.

이러한 이해는 연역적 추론이나 다수의 대상에 대한 객관적 관찰보다는 구체적이고 개별적인 사례, 즉 개인이나 소집단에 대한 심도 있는 탐구를 필요로 한다. 다시 말해서 어떤 대상에 대한 심층적인 이해는 그 대상의 언어적 및 비언어적 표현에 내재된(혹은 말이나 행동을 통해 표출된) 의미와 의도를 해석하고 이해하는 방법을 사용하지 않고서는 얻기 힘든 지식이라는 것이다. 이러한 기준을 잣대로 삼아 판단해 볼 때, 개인 및 소집단 차원에서의 효과적인 사회복지실천을 위해 필요한 지식은 지식의 종류, 지식을 얻는 대상, 지식을 얻는 방법 모두에 있어서 합리주의나 경험주의 인식론보다는 구성주의 인식론에 가장 가깝다고 볼 수 있다.

이제 독자들이 이상에서 소개한 사회복지실천의 차원과 인식론 간의 관계에 대해 생각해 볼 때 꼭 염두에 두었으면 하고 바라는 두 가지 것을 말하면서 이 장을 마치도록 하겠다. 첫째는 이상에서 소개한 사회복지실천의 차원과 인식론 간의 관계는 경험을 통해서 귀납적으로 얻은 '~이다'라는 지식이며 '~이어야 한다'라는 식의 당위성에 얽매인 지식이 아니라는 점이다. 이 말은 달리 표현하면 저자가 생각하는 [그림 2-3]의 관계는 저자가 연구자로서의 삶의 경험을 통해 갖게 된, 지극히 아끼는 주관적인 생각이며, 그렇기 때문에 근거 있는 비판, 지지, 조언 모두에 대해서 이제까지 그랬던 것처럼 앞으로도 열려 있어야 하는 지식이라는 것을 의미한다.

둘째, 사회복지실천이 사회복지학 내 특정 전공 연구자들만이 하는 행위라고 잘못 여겨지지 않아야 한다. 사회복지학에서 '실천'의 의미를 어떻게 정의할 것인가는 결코 쉬운 문제가 아니다. 어떤 연구자들에게 있어서 이 문제는 그들의 존재 가치와 직결되는 문제이기도 하기 때문이다. 이제까지 사회복지학계 내에서 실천은 특정 대상에 대해 특정 기술 또는 기법을 사용하여 행하는 개입을 뜻하는 용어로 사용되어 온 것이 사실이다. 저자는 그 관행이 그러한 개념 정의가 타당하기 때문이 아니라 흔히 말하는 '전공'을 구분하는 데 편리하기 때문에 생긴 바람직하지 않은 관행이라고 생각한다. 그리고 극히 일부이기는 하지만 사회복지실천을 '자신이 원하는 실천'으로 남아 있게 하고 싶은 마음을 가진 연구자들도(자신을 위해서이든, 자신이 속한 조직을 위해서이든) 존재하는 것도 사실이다.

사회복지실천이 사회복지학 내 특정 분야의 전공자들만의 행위인가? 만일 그렇다면 그 특정 분야의 전공자들은 그들의 영역 외의 영역에서 사회와 사회 구성원의 복지 증진을 위해 연구하고 노력하는 전문가들의 행위를 실천으로 인정하지 않는 것이다. 사회복지실천은 모든 사회복지 전문인들에 의해 행해지는, 계획된 변화를 일으키기 위한 노력이다. 실천의 차원을 구별하는 것과 자신이 속한 차원에서의 실천만이 실천이고 다른 차원에서의 실천은 실천이 아니라고 차별하는 것은 전혀 다른 것이다.

바라건대 사회복지학 연구자들 사이에 실천을 하나의 전공 분야라고 보는 것은 지양해야 한다는 의식이 확산되었으면 한다. 더 나은 표현 방식을 찾기 어려웠기 때문에 실천이라는 용어에 특별한 의미를 부여했던 관행은 이제 그만둬야 할 때가 되었다고 저자는 생각한다. 숨은 살아 있는 모든 사람이 쉬는 것임에도 불구하고 내가 쉬는 숨만 숨이라고 생각하는 것은 단순한 어리석음이 아니라 위험이기 때문이다. 특별하지 않은 것을 특별한 것처럼 여기는 관행이 얼마나 심각한 부작용을 낳아 왔는지를 우리는 역사를 통해 수없이 목격하지 않았는가?

이미 그러한 어리석음은 비단 '실천을 어떻게 정의할 것인가?'라는 문제에서 그치지 않고 있는 것 같다. 그렇기 때문에 저자는 다른 누군가가 아니라 사회복지학 연구자인 저자 스스로에게 물어본다. 혹시 그러한 어리석음이 나로 하여금(사실 더 용기를 내서 말한다면 우리로 하여금) 세우지 말아야 할 곳에 사회복지사1급 국가고시 응시 자격을 위한 필수 교과목 목록이라는 울타리를 세워 놓고 학문과 실천의 발전을 스스로 어렵게 만들게 한 것은 아닌가? 혹시 나는 한편으로는 그것을 '없애야 할 울타리'라고 부르는 정치적 올바름(political correctness)을 보이면서 다른 한편으로는 혹여 그 울타리가 허물어질까 끊임없이 유지·보수하면서 울타리 속의 나를 울타리 밖의 세상으로부터 지키고 있는 것은 아닌가? 혹시 나에게 '개혁'이라는 말이 '과목 추가'와 동의어인 것은 아닌가?

어느 누구에게도 이러한 저자의 생각을 강요할 의사는 없으며 강요할 수도 없다. 왜냐하면 신념은 강요할 수 있는 것이 아니기 때문이다. 신념을 지키고자 죽기까지 할 수 있는 유일한 존재가(적어도 우리가 아는 한은) 인간인 것을 어찌 신념을 강요할 수 있겠는가? 다만 이 책을 사서 읽을 사람이라면 사회복지학 연구에 남다른 관심을 가진 사람들일 것 같기에, 필요한 변화라면 그 변화가 초래하는 불편함을 감수할 수 있는 사람들일 것 같기에, 그리고 사회복지학 연구자들의 층도 이제 많이 두터워졌다고 확신하기에 다음번 사회복지 교과목 지침 개편 이전에 저자는 사람들에게 저자가 이런 생각을 하고 있다는 것을 말하고 싶을 뿐이다. 왜냐하면 내가 알고, 나 아닌 다른 사람이 알고, 서로가 나 외에 다른 사람도 알고 있다는 것을 알고, 마지막으로 그러한 사실 모두를 모두가 안다면 절대로 일어날 것 같지 않아 보이던 변화도(예를 들면, 혁명 같은) 가능해지기 때문이다. 사회복지 전문인으로서 저자가 하는 실천은 바로 그러한 변화를 일으키는 것이다.

3

잘된 사회복지연구

"이 연구에 대해서 몇 가지 질문을 드리겠습니다…… 먼저, 이 연구를 통해서 연구자가 얻고자 하는 지식은 어떤 지식입니까?"

"제가 이 연구를 하면서 참 많은 것을 배우게 되었는데, 우리 사회에서 고통 받는 이들의 삶을 더 나은 삶으로 만들기 위해서는 많은 것이 필요하다는 것을 알게 되었습니다."

"……아! 그럼 일단 다음 질문으로 넘어가겠습니다. 이 연구에 있어서 연구대상의 단위는 무엇입니까?"

"문제를 가진 개인, 가족, 더 나아가서는 그런 문제를 가지고 있는 사람들이어야 합니다."

"이 연구는 본인의 연구가 아닌가요? '~이어야 한다'는 것이 무슨 말인가요? 어쨌든 마지막 질문을 하겠습니다. 연구자가 이 연구에서 사용한 연구방법은 어떤 인식론적 입장과 맥을 같이하나요?"

"네? 저……."

"말씀하시지요."

"괜찮으시다면 제가 이 연구를 꼭 금년 내에 마쳐야 하는 사정을 잠깐 말씀드려도 될까요?"

"……."

앞서 제1장에서 저자는 '잘된 사회복지연구란 어떤 연구인가?'라는 질문에 대해서 문제, 사회복지실천의 차원, 필요한 지식, 그리고 지식을 얻는 방법이라는 네 가지 요소가 조화를 이루는 연구라고 간략하게 답한 바 있다. 이 장에서는 그 말이 의미하는 바를 좀 더 자세히 설명하기로 하겠다.

다음의 [그림 3-1]은 문제에서 출발해서 실천, 지식의 부재에 대한 인식, 그리고 필요한 지식으로 이어지는 일련이 사고 과정을 보여 주는 그림이다. [그림 3-1]에서 '문제'란 제1장에서 설명했던 사회복지실천현장에서 발견된 해결을 요하는 문제이다. 사회와 사회구성원의 복지 증진을 위해 어떤 문제를 해결하고자 할 때 사회복지 전문인은 '과연 무엇이 문제인가?' '문제를 해결하려면 어떤 차원의 실천이 필요한가?', 그리고 '실천을 위해서 어떤 지식이 필요한가?'라는 질문을 하게 된다. 저자는 이 세 가지 질문에 대한 답을 찾는 과정을 '지식이 필요한 이유'를 구체화하는 과정이라고 부른다. 이 과정을 거칠 때 사회복지학 연구자는 비로소 자신이 필요로 하는 지식이 무엇인지 알게 된다.

문제가 '해결해야 할 문제'라면 사회복지 전문가 중 누군가는 그 문제를 해결하기 위해 실천, 즉 계획된 변화를 이끌어 내기 위해 노력했어야 한다. 그런데 왜 이 문제가 아직도 문제로 남아 있는가? 아마도 그러한 실천이 이제까지 이루어지지 않았거나 이루어졌더라도 그 문제가 만족스러울 정도로 해결되지 않았기 때문일 것이다. 왜 그런 실천이 이루어지지 않았을까? 왜 이루어졌더라도 문제를 해결할 수 없었을까? 여러 가지 이유가 있겠지만 '실천에 필요한 지식의 부재'가 이유 가운데 하나라면 그 지식을 만들어 내야 한다.[1] 이러한 논리에서 볼 때, [그림 3-1]의 '필요한 지식'은

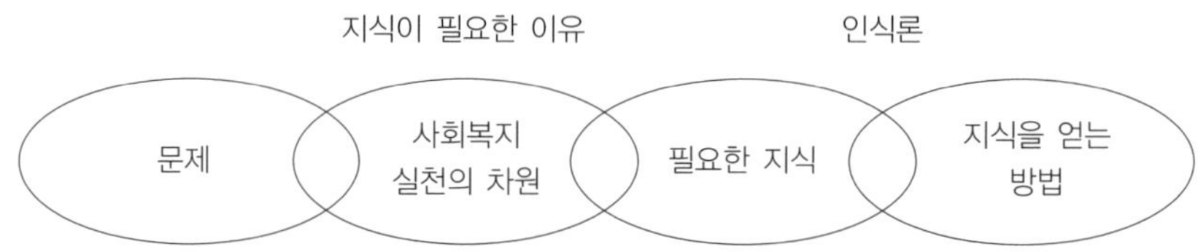

[그림 3-1] 잘된 사회복지학 연구가 갖추어야 할 조건

1) 물론 의지가 없기 때문일 수도 있고, 명분이 없기 때문일 수도 있으며, 자원을 끌어올 수 없기 때문일 수도 있다. 그러나 이런 이유들은 정치적인 이유들이다. 연구자가 문제해결에 참여할 때 자신이 가진 장점을 효과적으로 활용하는 방법은 지식의 부재를 극복하는 역할에 주력하는 것이다.

문제 인식에서 출발하여 문제 해결을 위해 필요한 실천의 차원으로 이어지는 사고 과정을 통해 얻어지는 결과물이다.

제1장에서 저자는 어떤 연구가 사회복지학 연구인지 판단하는 기준에 대해 언급했다. 이제 [그림 3-1]을 이용하여 그 기준을 보다 구체적으로 설명할 수 있다. 우리 앞에 이 연구가 사회복지 연구인지 판단해야 하는 어떤 연구가 있다고 생각해 보자. 어떻게 판단할 것인가? 저자가 제시하는 방법은 [그림 3-1]의 과정을 역순으로 거슬러 올라가 보는 것이다. 즉, 이 연구가 필요한 이유가 지식이 필요해서이고, 그 지식이 사회복지실천에 직접적으로 필요한 지식이고, 그 실천이 사회 또는 사회구성원의 복지 수준을 높이는 데 장애가 되는 문제를 해결하기 위한 실천이라면 저자는 그 연구를 사회복지 연구라고 판단한다.

모든 연구는 지식을 얻기 위해 한다. 따라서 지식이 필요하기 때문에 하는 연구라는 조건만으로는 충분하지 않다. 어떤 지식이 필요해서 하는 연구인가? 변화를 이끌어 내기 위해서 필요한 지식이다. 변화가 필요한 이유는 무수히 많다. 따라서 이 조건만으로도 불충분하다. 어떤 변화를 위해서 필요한 지식인가? 문제해결을 위해 필요한 변화이다. 문제해결을 위한 변화만으로는 아직 불충분하다. 어떤 문제인가? 사회와 사회구성원의 복지 수준을 더 높일 수 있으나 그러한 가능성을 실현할 수 없게 가로막고 있는 문제이다. 그렇다면 저자는 이 연구는 사회복지 연구라고 인정한다는 것이다.[2)]

문제해결을 위해 어떤 지식이 필요한지 알게 되면 연구자는 이제 필요한 지식을 어떻게 얻을 것인가에 대해서 생각해 봐야 한다. 즉, 이제 연구자는 지식을 얻는 방법을 결정해야 한다. [그림 3-1]에 제시된 네 번째 요소인 '지식을 얻는 방법'은 말 그대로 필요한 지식을 얻는 방법, 즉 연구방법을 말한다. 연구를 위해서 연구자는 선택 가능한 여러 가지 연구방법 중 적어도 한 가지 방법을 선택해야 한다. 어떤 연구방법을 선택해야 하는가? 당연히 자신이 얻고자 하는 지식을 얻을 수 있는 방법이어야 한다. '어떤 연구방법이 얻고자 하는 지식을 얻기에 가장 적합한 방법인가?' 이 질문에 대한 답은 제2장에서 살펴보았던 사회복지실천의 차원과 인식론 간의 관계에서 찾을 수

2) 이 판단 기준은 '사회복지학이 실천학문이다'라는 생각에 동의하는 사람들로부터 더 호응을 얻는 것 같다.

있다.

예를 들어, 어떤 문제를 해결하기 위해 차원2의 실천을 하고자 하는 연구자가 특정 문제·욕구집단 전체에 대해 일반화할 수 있는 인과관계에 관한 지식을 얻고자 한다고 가정해 보자. 이 경우라면 어떤 연구방법이 가장 적합한가? 아마도 가장 적합한 연구방법은 경험주의 인식론에 부합하는 연구방법일 것이다. 좀 더 구체적으로 말하자면 해당 인구·욕구집단을 대표할 수 있을 만큼 충분한 수의 개인(또는 다른 단위)을 연구대상으로 삼아 인구·욕구집단 구성원 전체에 대해 일반화할 수 있는 지식을 얻는 방법을 선택하는 것이 더 바람직할 것이다.

그런데 어떤 연구방법에 비해 더 바람직하다는 것인가? 적어도 특정 개인 또는 소수의 개인에 대한 심층적 이해를 이끌어 내는 연구 방법보다는 바람직하다. 왜냐하면 특정 개인 또는 소수 개인이 가진 특수한 상황이나 독특한 특성을 이해하는 데 적합한 연구방법은 인구·욕구집단 전체를 이해하는 데 필요한 일반화 가능한 지식을 얻기에 적합한 연구방법이 아니기 때문이다.

이와 반대로 개인 및 소집단 차원의 사회복지실천을 통해서 문제를 해결하려는 연구자에게 필요한 지식은 차원3의 실천, 즉 개인 및 소집단 차원에서의 실천을 효과적 및 효율적으로 만들기 위해 지식일 가능성이 높으며, 필요한 지식을 얻기에 적합한 연구방법은 구성주의적 인식론에 부합하는 주관성과 개별성이 중요시되는 연구방법이 될 것이다.

이처럼 '잘된 연구'의 마지막 요소인 '지식을 얻는 방법'은 사회복지실천의 차원과 인식론적 입장 간의 관계와 깊은 관련이 있다. 제2장에서 소개했던 [그림 2-3]에 다시 한 번 주목해 보자. 만일 필요한 지식이 정책 및 제도 차원의 사회복지실천을 위해 필요한 지식이라면 [그림 2-3]에 제시된 바와 같이 합리주의 인식론에 입각한 방법이 필요한 지식을 얻을 수 있는 방법으로 더 적합하다.

만일 개인 및 소집단 차원의 사회복지실천을 위해 필요한 개별성과 특수성을 가진 지식을 개인으로부터 얻고자 한다면 구성주의 인식론에 입각한 연구방법을 통해 지식을 얻고자 시도하는 것이 합리주의나 경험주의 인식론에 입각한 연구방법을 택하는 것보다 더 바람직한 선택이며, 따라서 논리적 부합 정도가 더 높은 선택이라고 볼 수 있다.

저자는 이상과 같은 논리에서 어떤 사회복지학 연구가 '잘된 연구'가 되기 위해서는 [그림 3-1]의 네 가지 요소가 조화를 이루는 것, 즉 문제, 사회복지실천의 차원, 필요한 지식, 그리고 지식을 얻는 방법이 서로 조화를 이루어야 한다고 생각한다. 필요한 지식을 얻는다는 것은 적절한 방법의 선택이 전제되지 않고서는 생각할 수 없으며, 설령 필요한 지식을 얻었다고 하더라도 그 지식이 하고자 하는 실천에 도움이 되지 않는다면 그 지식은 필요한 지식일 수 없으며, 지식과 실천이 부합하더라도 그 실천은 해결해야 할 문제를 해결할 수 있을 때 의미가 있다.

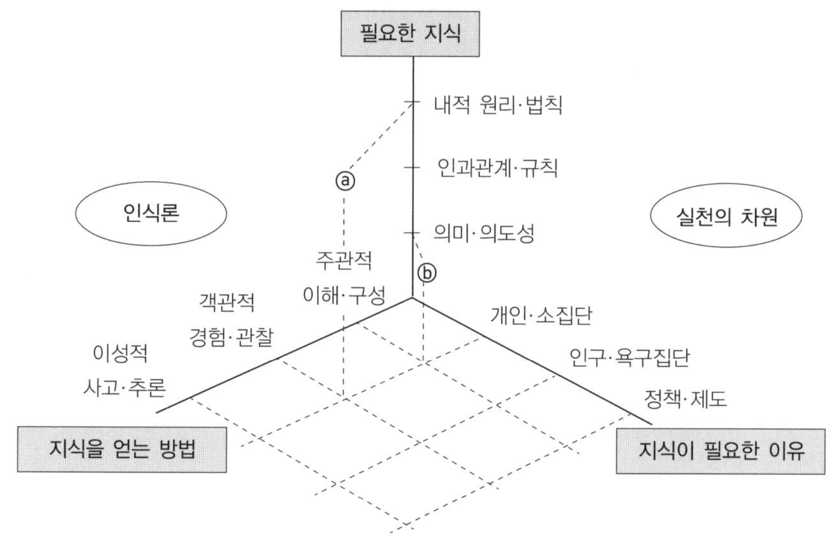

[그림 3-2] 지식의 종류, 지식을 얻는 대상 및 지식을 얻는 방법 간의 조화

물론 이 네 가지 요소 간의 조화는 잘된 연구의 필요조건이지 충분조건은 아니다. 즉, 이 네 가지 요소가 조화를 이룬다고 해서 연구자가 원하는 지식을 반드시 얻을 수 있다는 것은 아니라는 것이다. 왜냐하면 연구자가 연구를 통해서 자신이 얻고자 하는 지식을 얻을 수 있는지의 여부는 이 네 가지 요소의 조화뿐만이 아니라 다른 여러 가지 것에 의해서 영향을 받기 때문이다. 그러나 분명한 것은 이 네 가지 요소가 조화를 이루지 못한다면 그 연구는 잘된 연구가 될 가능성이 매우 희박하다는 사실이다.

왜 그런가? [그림 3-2]의 두 점 ⓐ와 ⓑ를 비교해 보자. ⓐ는 연구자가 필요로 하는 [그림 3-2]의 세 축의 값이

실천의 차원: 개인 및 소집단
필요한 지식: 내적 원리 및 법칙
지식을 얻는 방법: 객관적 경험 관찰

에 해당하는 점이다. 즉, 연구자는 개인 및 소집단을 대상으로 하는 실천을 하고자 하며, 필요한 지식은 내적 원리나 법칙에 관한 지식이고, 그러한 지식을 관찰과 측정을 통해 얻고자 하는 경우이다. 이 경우는 [그림 3-2]의 세 가지 축(요소)[3] 중 어느 관점에서 보더라도 나머지 두 축에서의 선택이 적절하지 않다는 것을 쉽게 알 수 있다.

먼저, 지식이 필요한 이유 축에서 보자면 개인이나 소집단을 대상으로 하는 실천을 위해 내적 원리나 법칙에 관한 것이기는 좀처럼 쉽지 않으며, 그런 지식을 이성적 연역적 추론이 아니라 관찰과 측정을 통해 얻기는 역시 어려울 것임을 알 수 있다. 이번에는 지식을 얻는 방법의 축에서 보더라도 개인이나 소집단이 가진 특수성과 개별성은 일반화할 수 있는 보편적 지식을 얻기 위해 주로 사용하는 객관적 관찰이라는 연구방법을 통해서는 파악한다는 것은 매우 어려우며, 연구방법의 관점에서 볼 때에도 객관적 관찰을 위해 개인이나 소수의 개인을 대상으로 삼는다면 결국 그러한 관찰을 통해 귀납적으로 얻은 지식이 보편성을 가진 지식이 되기는 매우 어렵다고 하지 않을 수 없다.

이에 비해 ⓑ는 어떤 현상이나 대상에 대한 심층적 이해를 얻고자 개인 및 소집단을 대상으로 해석과 이해라는 연구접근방법을 사용하는 경우로서 세 가지 요소 가운데 어느 요소의 관점에서 보더라도 세 가지 요소 간의 조화 정도가 ⓐ에 비해 높다는 것을 쉽게 알 수 있으며, 그렇기 때문에 [그림 3-2]의 세 가지 요소 외의 모든 조건이 동일하다면 ⓐ에 해당하는 연구보다는 연구자로 하여금 필요한 지식을 실제로 얻을 수 있게 해 주는 연구가 될 가능성이 더 높을 것이라 기대해 볼 수 있다.

이제 마지막으로 '잘된 사회복지학 연구'에 대해서 한 가지 것만 더 언급하고 제1부의 논의를 마치기로 하겠다. 이제까지의 논의 과정을 통해서 저자는 잘된 사회복지학 연구는 문제, 사회복지실천의 차원, 필요한 지식, 그리고 지식을 얻는 방법이 논리

3) [그림 3-1]의 네 가지 요소 중 '문제'와 '실천의 차원'은 [그림 3-2]에 '지식이 필요한 이유'라는 하나의 요소로 표현되어 있다. 그렇게 해야 하는 이유는 저자가 3차원 좌표까지밖에 그릴 줄 모르기 때문이다.

적으로 부합하는 연구라고 정의했으며, 이와 더불어서 이들 네 가지 요소가 논리적으로 부합해야 하는 이유는 필요한 지식을 실제로 얻을 수 있기 위해서임을 암묵적으로 주장했다. 즉, 저자에게 있어서 '잘된 연구란 문제해결을 위해 필요한 지식을 실제로 얻을 수 있는 연구'이다.

그런데 '잘된 연구'에 대한 이러한 정의가 사회복지학에만 국한되는 것인가?' 이 질문은 달리 표현하자면 '도대체 필요한 지식을 얻는다는 것이 사회복지학에 있어서만 중요한가?'라는 질문이 된다. 저자는 이 질문에 대한 답을 제1부의 제일 첫 부분에서 이미 분명하게 제시한 바 있다. 당연히 모든 학문에 있어서 중요하지만 사회복지학의 경우는 특히 중요하다. 왜냐하면 사회복지학은 실천학문이기 때문이다. 사회복지학 연구는 지식은 사회와 사회구성원의 복지증진을 위해 계획된 변화를 이끌어 내는 데 필요한 지식 생산을 목적으로 하는 연구이어야 한다. 그리고 이는 사회복지학의 학문적 정체성을 규정하는 가장 중요한 요건이다. 그렇기 때문에 사회복지학은 반드시 연구와 실천이 [그림 3-1]의 맥락 안에서 차원과 내용과 방법이 결정되어야 한다.

물론 그렇다고 하더라도 잘된 사회복지학 연구를 이상에서 말한 네 가지 요소가 논리적으로 부합하는 연구라고 정의하는 것은 너무 일반적인 것이 아니냐는 비판을 멋지게 피할 수 있는 길은 없어 보인다. 어쩌면 사회복지학 연구자들에게 더 필요한 '잘된 사회복지학 연구'에 대한 정의는 '잘된'이 아니라 '사회복지'에 더 무게를 두는 정의일까? 만일 그렇다면 이제 저자는 잘된 사회복지학 연구를 다음과 같이 재정의하고자 한다. 잘된 사회복지 연구란 다음과 같은 연구이다.

> 잘된 사회복지학 연구란 해결해야 할 문제, 사회복지실천의 차원, 필요한 지식, 그리고 지식을 얻는 방법 간의 논리적 조화가 전제된 상태에서 사회복지실천에 직접적인[4] 도움을 줄 수 있는 지식을 만들어 내는 연구이다.

4) 사회복지실천에 '직접적인 도움'을 줄 수 있는 지식에 관해서는 이 책의 다른 장에서 자세하게 설명하기로 하겠다.

제 2 부

연구하기 I

제4장 / 연구의 단계

제5장 / 왜 무엇을 알고자 하는가?

제6장 / 알고자 하는 것에 대한 정확한 이해 I

제7장 / 알고자 하는 것에 대한 정확한 이해 II

4

연구의 단계

"이번 장의 첫머리에는 왜 재미있는 말이 없습니까?"

"다음 장 첫머리에 정말 재미있는 말이 나오기 때문에 이번 장은 그냥 넘어가기로 했습니다."

"그래요? 다음 장 첫머리에 도대체 얼마나 재미있는 말이 나오기에 그러나요? 궁금하네요."

"아! 다음 장을 읽을 때가 되면 알게 될 테니까 지금 다음 장을 보려고 하지 말고 일단 이 장을 끝까지 읽어 보기 바랍니다."

제1장에서 저자는 연구를 '물음표를 느낌표로 바꿔 가는 과정'이라고 정의한 바 있다. 이번 장에서는 연구, 즉 그 과정 속에서 어떤 일들이 이루어지는지에 대해 논의하기로 하겠다. 이하의 내용에서 동어반복임이 분명하지만 연구 또는 과정이라는 용어 대신에 '연구 과정'이라는 용어로 '물음표를 느낌표로 바꿔 가는 과정'을 표현하기로 하겠다.

본격적인 논의에 앞서 세 가지 것을 먼저 말해 두고자 한다. 첫째, 이번 장에서 살펴보게 될 연구 과정이란 연구방법을 말하는 것이 아니라 연구를 함에 있어서 연구자가 일반적으로 행하는 일련의 사고 또는 행위의 내용과 순서를 말한다. 더 단순하자면 '연구를 한다는 것은 무엇을 어떤 순서로 하는 것이다'라는 주장을 하겠다는 것이다.[1] 둘째, 이러한 연구 과정은 다른 말로 표현하면 논문의 구성이라고 해도 큰 무리

1) 이하 내용에서 '무엇을 해야 한다'는 말은 행위와 사고 모두를 의미하는 것으로 이해하기 바란다.

가 따르지 않는다. 그럼 이 두 가지 것을 염두에 둔 상태에서 연구 과정에 관한 논의를 시작해 보기로 하자.

저자는 박사학위 과정 중에 '이제 그동안 생각했던 모든 것을 논문이라는 형식을 갖춘 글로 발표하자!'라는 생각을 하면서부터 논문의 형식에 대해 관심을 갖게 되었다. 논문의 형식은 논문 주제를 정하고 논문을 쓰기 위해 자료를 수집하고 분석하는 과정과는 완전히 다른 새로운 고민거리였다. 저자의 머릿속에는 [4-1]이라는 새로운 물음표가 떠올랐다.

도대체 논문이라는 형식의 글을 쓸 때는 무엇을 어떤 순서로 써야 하지? [4-1]

예상치 못한 또 다른 연구가 시작된 것이다. 저자는 일단 '나 이전에 논문을 쓴 많은 사람도 비슷한 고민을 하지 않았을까?'라는 생각에 도서관을 찾았다. 박사학위논문만 따로 모아 놓은 서고가 있다는 사실을 알고 있었기에 곧장 그리로 향했고, 그곳에서 그들이 했던 고민의 결과물을 쉽게 찾을 수 있었다.

저자는 지난 5년간 발간된 학위논문을 연도별로 10권씩, 총 50권을 무작위로 고른 뒤 그 논문들의 목차와 목차별 내용을 비교해 보았다. 이 매우 간단하지만 효과적인 현장조사를 통해서 저자는 연구주제, 학문분야, 연구방법론 등에 있어서 다소 차이는 있으나 대부분의 논문이 [그림 4-1]과 같은 구성에서 크게 벗어나지 않는다는 사실을 발견했다.

저자에게 있어서 [그림 4-1]은 논문이라고 하는 '논리적인 글'을 쓸 때 매우 도움이 될 뿐만 아니라 연구를 함에 있어서 연구자가 무엇을 어떤 순서로 생각해야 하는지를 알려 주는 유용한 지침이다. 저자는 [그림 4-1]을 '논문의 구성' 또는 '연구의 단계'라고 부른다. 전자의 용어는 논문 또는 연구의 짜임새를 논할 때, 그리고 후자의 용어는 논리적 사고의 흐름 또는 과정을 논할 때 주로 사용한다. 이 책에서는 [그림 4-1]을 논리적 사고의 흐름을 가시적으로 보여 주는 모형으로 사용할 것이므로 [그림 4-1]을 연구의 단계라고 부르기로 하겠다.[2)]

2) 따라서 혹시라도 이하의 내용에서 연구의 단계, 논문의 구성 및 연구의 과정이라는 세 가지 용어가 혼용되더라도 이들 세 가지 용어가 동일한 의미임을 기억해 주기 바란다.

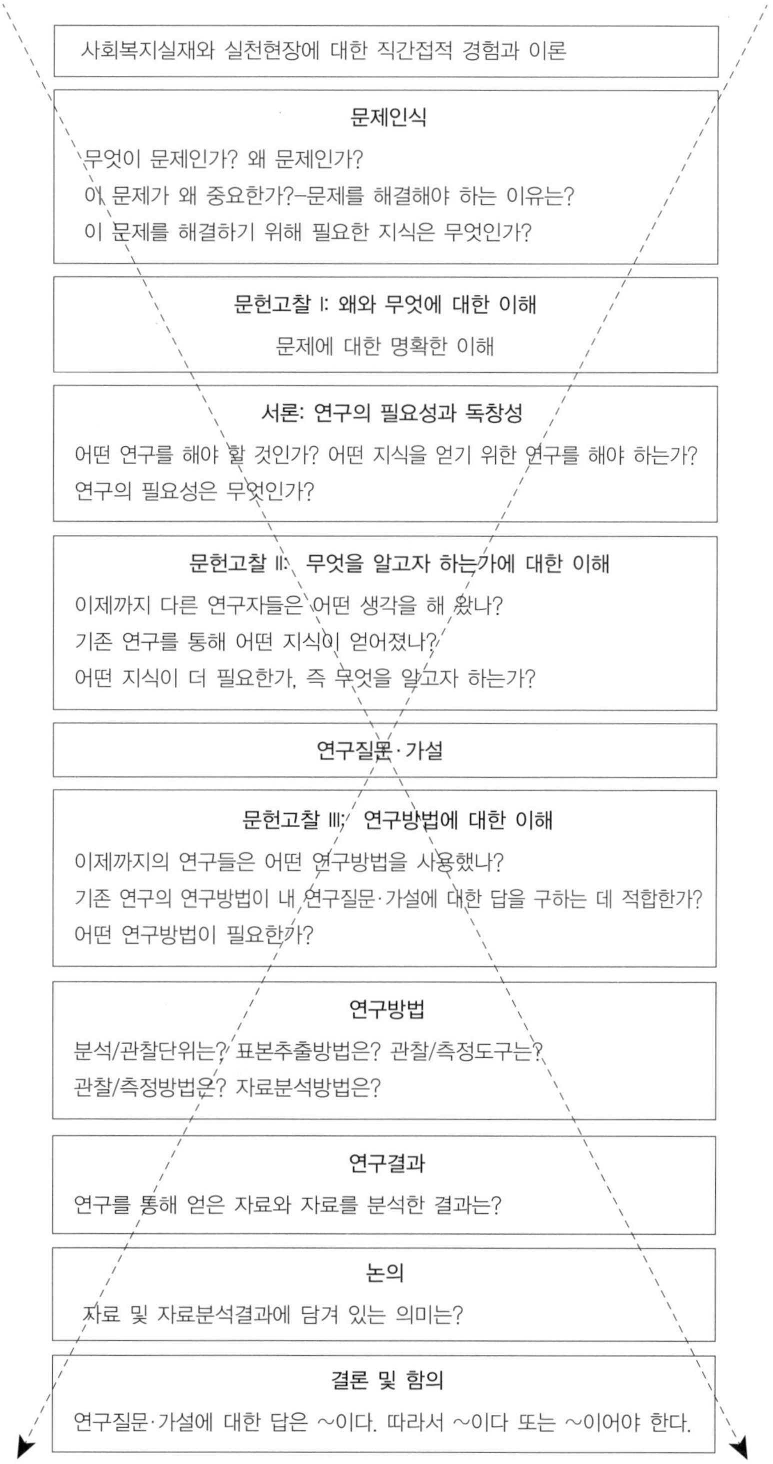

사회복지실재와 실천현장에 대한 직간접적 경험과 이론

문제인식

무엇이 문제인가? 왜 문제인가?
이 문제가 왜 중요한가?–문제를 해결해야 하는 이유는?
이 문제를 해결하기 위해 필요한 지식은 무엇인가?

문헌고찰 I: 왜와 무엇에 대한 이해

문제에 대한 명확한 이해

서론: 연구의 필요성과 독창성

어떤 연구를 해야 할 것인가? 어떤 지식을 얻기 위한 연구를 해야 하는가?
연구의 필요성은 무엇인가?

문헌고찰 II: 무엇을 알고자 하는가에 대한 이해

이제까지 다른 연구자들은 어떤 생각을 해 왔나?
기존 연구를 통해 어떤 지식이 얻어졌나?
어떤 지식이 더 필요한가, 즉 무엇을 알고자 하는가?

연구질문·가설

문헌고찰 III: 연구방법에 대한 이해

이제까지의 연구들은 어떤 연구방법을 사용했나?
기존 연구의 연구방법이 내 연구질문·가설에 대한 답을 구하는 데 적합한가?
어떤 연구방법이 필요한가?

연구방법

분석/관찰단위는? 표본추출방법은? 관찰/측정도구는?
관찰/측정방법은? 자료분석방법은?

연구결과

연구를 통해 얻은 자료와 자료를 분석한 결과는?

논의

자료 및 자료분석결과에 담겨 있는 의미는?

결론 및 함의

연구질문·가설에 대한 답은 ~이다. 따라서 ~이다 또는 ~이어야 한다.

[그림 4-1] 연구의 단계

아마 독자들 가운데 어떤 사람은 '연구의 단계와 논문의 구성이 동일한 것인가?'라는 의문을 제기할 수 있을 것이다. 저자 또한 이 두 가지 것이 동일한 것이라고 주장할 생각은 전혀 없다. 저자는 다만 논문이라는 형식의 글이 어떤 구성을 가져야 하는지 고민하던 중에 [그림 4-1]이라는 개념적 틀을 발견하게 되었고, 이 틀이 연구의 단계를 어떻게 구분하고 각 단계에서 연구자가 무엇에 대해 생각해 봐야 하는지를 이해하는 데 매우 효과적인 지침으로 활용될 수 있다는 생각을 독자들과 공유하려는 것이다. 일단 이 장에서는 [그림 4-1]을 개괄적으로 설명하고 제2부의 나머지 장들에서 [그림 4-1]의 각 단계에서 연구자는 어떤 것들을 생각해 봐야 할지에 대해서 차례대로 살펴보기로 하겠다.

1. 문제인식, 문헌고찰 I, 그리고 서론

사회복지학 연구의 출발점은 [그림 4-1]에 제시된 바와 같이 문제를 인식하는 것이다. 여기서 말하는 문제인식이란 앞서 제1장에서 언급했던 것과 같이 사회 또는 사회구성원이 처한 불만족스러운 현실을 이해하는 것이다. 제1장에서도 언급했지만 이때 문제란 반드시 부정적인 어떤 상태만을 의미하는 것이 아니라 실현되지 않았거나 혹은 실현되지 못한 더 높은 수준의 복지에 다다를 수 있는 가능성까지 포함하는 개념이다.

제2장에서 말한 바와 같이, 사회복지전문직이 지향해야 하는 궁극적인 목표는 사회와 사회구성원의 복지증진이므로 사회복지전문직은 사회와 사회구성원의 문제를 해결해야 하며, 문제해결을 위한 모든 노력(사회복지학 연구를 포함한)이 바로 사회복지실천의 핵심이다. 그렇기 때문에 사회복지학 연구 그리고 사회복지실천은 반드시 문제인식에서부터 출발해야 한다.

문제인식은 명확성이 생명이다. 즉, 문제인식이라는 말에는 '명확한'이라는 수식어가 당연히 포함되어 있다고 생각해야 한다. 문제인식을 위해서 연구자는 자신이 관심을 갖게 된 문제와 관련된 선행연구들을 포함한 다양한 자료를 수집하고 고찰해야 한다. 저자는 문제인식을 목적으로 행해지는 문헌고찰을 다른 목적을 위한 문헌고찰과 구분하는 것이 바람직하다고 생각한다. 이러한 목적에서 저자는 문제인식을 위한 문헌고찰을 문헌고찰 I이라고 부른다. 문헌고찰 I의 결과로서 연구자는 문제에 관한 기본적인 정보를 얻게 된다. 이러한 정보를 바탕으로 연구자는 자신이 연구하고자 하는 주제가 무엇인지를 분명하게 알 수 있어야 한다.

문헌고찰 I의 목적은 문제를 명확하게 인식하기 위해서이다. 연구자는 문헌고찰I을 통해서 연구자가 파악한 상황 또는 현상은 무엇인지, 왜 그러한 상황 또는 현상에 관심을 갖게 되었는지, 왜 그 상황 또는 현상을 문제라고 생각하는지, 문제의 정도와 범위는 어떠한지, 그 문제가 왜 중요한지, 문제를 해결해야 하는 이유는 무엇인지 등의 질문에 대한 답을 찾아야 한다.[3)]

저자는 이러한 질문들에 대한 답이 없는 상태에서 논문의 서론을 쓴다는 것은 불가능에 가깝다고 생각한다. 바꿔 말하면 이러한 질문들에 대한 답을 가지고 있다면 연구자는 논문의 서론을 쓰면서 '어떻게 하면 이 많은 내용을 줄여서 서론에 담아낼 수 있을까?'라는 행복한 고민을 해야 하는 상황에 처할 것이다.

2. 문헌고찰 II

서론 과정에 뒤이은 과정은 두 번째 문헌고찰로서 [그림 4-1]에 제시된 문헌고찰 II가 이에 해당한다. 문헌고찰 I의 목적이 문제를 명확하게 이해하는 데 필요한 정보와 자료를 수집하고 고찰하는 것이라면, 문헌고찰 II의 목적은 '연구하고자 하는 바'를 명료화하는 것이다. 이 말을 달리 표현하면 연구를 통해 얻고자 하는 지식이 무엇인지를 연구자 스스로가 분명하게 이해하기 위해서 자료와 정보를 수집하고 고찰하는 것이라고 말할 수 있다. 문헌고찰 II의 결과로서 연구자는 다음과 같은 세 가지 구체적인 질문에 대한 답을 찾을 수 있어야 한다. 파악한 문제와 관련해서 이제까지 다른 연구자들은 어떤 생각을 해 왔는가? 파악한 문제와 관련해서 이제까지 어떤 연구를 통해 어떤 지식이 생산되었는가? 그리고 문제를 해결하기 위해서 어떤 지식이 더 필요한가?

3) 사회복지학 교과목 중 하나인 '사회문제론'은 학생들로 하여금 바로 이러한 문제인식 능력을 기르는 데 필요한 지식과 기회를 제공하는 것에 초점을 맞춰야 한다.

3. 연구질문·가설

문헌고찰 II를 통해 이 세 가지 질문에 대한 답을 찾는다면, 연구자는 자신이 연구하고자 하는 바를 명료화할 수 있게 된다. 자신이 그런 단계에 다다랐는지의 여부는 어떻게 알 수 있는가? 저자는 이 질문에 대해서 매우 명확한 답을 제시할 수 있다. 자신이 연구하고자 하는 바를 연구질문 또는 연구가설(이하 연구질문·가설)이라는 하나의 문장으로 표현할 수 있게 되었다면 명료화한 것이다.

한 문장으로(혹은 한두 문장으로) 표현된 연구질문·가설은 누가 읽더라도 그 의미가 다르게 이해되지 않을 정도로 분명하게 서술되어야 한다. 즉, 읽는 사람이 누군가에 따라서 질문 또는 가설의 의미가 상이하게 해석되어서는 안 된다는 것이다. 이는 연구질문·가설이 반드시 가져야 하는, 그리고 연구질문·가설을 일반적인 질문 또는 가설과 구분 짓는 핵심적인 속성이다.

[그림 4-1]에서 대각선 모양의 두 개의 화살표가 연구질문·가설 단계에서 교차하고 있는 것은 연구질문·가설이 반드시 가져야 하는 이러한 속성을 그림으로 표현한 것이다. 이 두 개의 화살표는 연구자의 논리의 범위를 의미한다. [그림 4-1]에서 연구의 맨 처음 과정인 문제인식 과정에서 두 선간의 간격이 매우 넓은 것을 알 수 있는데, 이는 연구의 처음 단계에서는 논리의 범위가 넓을 수밖에 없다는 것을 의미한다.

그러나 연구자의 논리 범위는 문헌고찰 I, 서론, 문헌고찰 II 과정을 거치면서 점점 좁혀져야 하는데, 결국 문헌을 고찰하고 그러한 문헌고찰을 통해 얻은 지식을 정리한다는 것은 연구자의 생각을 점점 구체화하고 명료화하여 모호함이나 불분명함이라는 불필요한 곁가지를 하나씩 제거해 나가면서 논리 범위를 점점 좁혀가는 것이기 때문이다.

그러다가 연구자의 생각은 연구질문·가설 단계에 이르러서는 더 이상 구체화할 수 없을 정도로 명확해져야 한다. 자신이 연구하고자 하는 바가 무엇인지를 분명하게 이해한다는 것은 바로 '더 이상의 모호함이나 불분명함'이 없는 명확한 생각을 갖게 되었다는 것을 의미하는 것이기 때문이다. 그렇기 때문에 하나의 문장 형태로 표현된 연구질문·가설은 누가 읽더라도 동일한 의미로 이해될 수 있을 만큼 명확하고 정확하게 표현되어야 한다.

[그림 4-1]에 제시된 바와 같이, 논리의 범위는 연구질문·가설 단계를 지나면서 다시 넓어지기 시작하여 결론 단계에 이르게 되면 연구의 첫 과정인 문제인식 단계만큼이나 다시 넓어질 수 있다. 이는 연구질문·가설 단계 이후에는 연구자의 주관적인 생각이 연구에서 점점 더 중요한 비중을 차지하기 때문이다.

흔히 우리는 다른 연구자의 연구에 대해서 '이 연구에서 다른 사람의 것이 아닌 연구자 자신만의 것은 무엇입니까?'라는 질문을 한다. 이 질문은 모든 연구에 있어서 독창성, 즉 연구자 자신만의 것이 무엇보다 중요하다는 사실을 일깨워 주는 좋은 질문이다. 이 질문을 통해 우리가 묻는 '연구자 자신만의 것'이란 결국 '연구 결과에 담긴 의미에 대한 연구자의 해석과 그 해석을 토대로 연구자가 하고 있는 주장'이다.

'자신만의 것'을 갖기 위해서 연구자는 연구질문·가설 단계 이후 논리의 범위를 점차 넓혀 나가지 않으면 안 된다. 그렇기 때문에 [그림 4-1]의 두 대각선 간의 간격은 연구질문·가설 단계 이후에는 반드시 다시 넓어지기 시작해야만 하는 것이다.

4. 연구방법

연구의 그다음 단계는 연구질문·가설에 근거하여 연구방법을 결정하는 과정이다. 올바르게 설정된 연구질문·가설은 연구자로 하여금(그리고 독자로 하여금) 자신이 연구를 통해서 얻고자 하는 지식의 종류와 내용을 정확하게 알 수 있게 해 준다. 따라서 연구질문·가설에 근거하여 연구방법을 정한다는 말은 달리 표현하자면 자신이 얻고자 하는 지식이 무엇인지에 대한 정확한 이해를 바탕으로 그러한 지식을 얻을 수 있는 가장 적절한 방법을 선택하는 것을 말한다.

이 과정에서 연구자는 자신의 연구를 위해 가장 적절한 연구방법을 결정하는 판단기준으로서 앞서 제3장에서 살펴보았던 잘된 사회복지학 연구가 되기 위한 필요조건을 활용하는 것이 바람직하다. 왜냐하면 잘된 사회복지학 연구의 필요조건을 연구방법을 결정하는 판단기준으로 삼는다면 자신의 연구를 위해서 어떤 연구방법을 택해야 하는지는 연구자가 얻고자 하는 지식의 내용과 종류에 의해 자연스럽게 결정되기 때문이다.

이러한 맥락에서 보면 연구방법의 선택과 관련해서 정작 중요한 것은 선택 가능한 많은 연구방법 가운데 하나를 선택하는 것 그 자체보다 연구자가 얻고자 하는 지식의 내용과 종류를 정확하게 이해하는 것이라고 할 수 있다. 바로 이러한 이유에서 저자는 연구의 전 과정이 모두 중요하기는 하지만 그중에서도 특히 연구질문·가설을 설정하기까지의 과정이 그 이후의 과정에 비해 훨씬 더 중요하다고 생각한다. 이처럼 어떤 연구방법을 선택할 것인지는 연구를 통해 얻고자 하는 지식에 의해 거의 결정되기 때문에 연구방법을 선택하는 과정에 있어서 연구자가 가질 수 있는 논리의 범위는 [그림 4-1]에 제시된 바와 연구질문·가설단계와 마찬가지 수준으로 좁아야 한다. 연구방법에 대해서는 제9장에서 보다 자세하게 논의하기로 하겠다.

5. 연구결과 및 논의

선택한 연구방법에 따라 연구를 진행하고 나면 연구자는 구체적인 결과물을 얻게 된다. 연구결과 단계와 해석 단계는 각각 연구자가 자신이 어떤 결과물을 얻었는지, 그리고 그 결과물이 의미하는 바는 무엇인지 상세하게 서술하는 단계이다. 어떤 연구자들은 '연구결과'와 '해석'을 하나의 연구단계로 보는가 하면, 어떤 연구자들은 서로 다른 두 개의 연구단계로 보기도 한다. 저자는 이 두 가지 견해 중(어느 쪽을 따르더라도 크게 문제될 것은 없지만) 연구결과와 해석을 하나의 단계로 보는 입장을 더 선호한다.

모든 연구결과는 의미를 내포하고 있다. '내포'라는 단어 자체가 말해 주듯이, 결과물에 내포되어 있는 의미는 대부분의 경우에 자명하지 않다. 즉, 결과물의 내용을 이해하는 것 그 자체만으로 결과물이 의미하는 바를 이해할 수는 없다는 것이다. 그리고 사실 자명한 것 같아 보이는 의미도 '이렇게까지 다른 해석이 가능한가?'라는 생각을 갖게 할 만큼 연구자에 따라 다르게 해석될 수 있다. 그렇기 때문에 연구자는 자신이 얻은 결과물에 내포되어 있는 의미를 독자들을 위해(그리고 자신을 위해) 반드시 설명 또는 해석해야 한다.

연구결과 및 논의 단계는 바로 이러한 작업이 이루어지는 단계이다. 저자는 이 작업을 무미건조해 보이는 결과물 속에서 의미라고 하는 생명력을 불어넣는 작업이라고 부른다.[4] 의미가 명확하게 설명 또는 해석된 연구결과는 활용 가능한 '정보'가 된다. 이처럼 연구결과 및 논의 단계는 자료를 정보로 전환하는 중요한 단계이다. 저자에게 있어서 이 단계는 연구질문·가설을 세우는 단계 못지않게 중요한 단계이다.

이 단계에서 연구자는 연구결과 서술과 의미 해석 중 당연히 후자에 더 많은 신경을 써야 한다. 왜냐하면 다시 말하건대 연구결과를 정보로 만드는 것은 그것이 가지고 있는 의미이기 때문이다. 서술은 있는 그대로를 보여 주는 것이지만 해석은 선택을 하는 것이다. 동일한 내용의 연구결과를 누가 해석하는가에 따라서 연구결과의 의미가 달라질 수 있다는 말은 해석이 선택이라는 사실을 단적으로 보여 주는 말이다. 해석이 선택인 이상 연구자는 연구결과의 의미를 해석할 때 '연구결과가 의미하는 바는 ~이다'라고 선언하는 것에서 그치는 것이 아니라 자신이 한 선택, 다시 말해서 연구결과의 의미를 A라고도 해석할 수 있고, B라고도 해석할 수 있고, C, D 등으로도 해석이 가능한데, 그중에서 연구자가 특정 의미로 해석한 선택이 왜 타당한지를 설명해야 한다.

이와 관련해서 저자는 연구자들에게 다음과 같은 저자의 세 가지 주장에 대해서 한번쯤 생각해 볼 것을 제안한다. 첫째, 연구결과의 의미는 누가 해석하더라도 동일한 의미로 해석될 만큼 분명할수록 좋다. 저자에게 있어서 연구결과의 내적 타당성 혹은 외적 타당성이 높은 연구란 다름 아닌 연구결과의 의미가 해석하는 사람에 따라 달리 해석되지 않거나 해석 가능한 의미의 범위를 뜻하는 '의미해석범위'가 좁은 연구를 말한다. 각자 스스로에게 한번 질문해 보자. 나는 내가 얻은 연구결과를 예를 들어서 10명의 연구자가 각기 다른 의미로 해석하는 연구를 하고 싶은지 아니면 10명

4) 연구결과와 연구결과의 의미를 함께 서술하는 방식을 선호하는 연구자는 연구결과와 해석을 하나의 단계로 보는 반면, 일단 연구결과를 모두 서술한 다음에 각각의 결과가 의미하는 바를 서술하는 방식을(혹은 연구결과별로 내용과 의미를 서술해 나아가는 방식) 선호하는 연구자는 연구결과와 해석을 두 개의 분리된 단계로 본다. 후자의 방식을 선호하는 연구자들은 해석 단계를 종종 논의 단계라고 부르기도 한다. 저자의 경험에 비춰볼 때, 연구결과의 내용을 서술하는 것과 의미를 불어넣는 작업을 동시에 하는 것이 따로따로 하는 것보다 독자들에게 연구결과의 의미를 전달하는 데 더 효과적이라고 생각한다. 그러나 다시 강조하건대 어느 방식을 따를 것인지는 전적으로 연구자 개인이 판단할 사항이며, 자신이 얻은 연구결과와 결과의 의미를 더 효과적으로 제시할 수 있는 방법을 택하는 것이 당연히 더 바람직할 것이다.

의 연구자가 거의 동일한 의미로 해석하는 연구를 하고 싶은지……. 물론 전자의 연구를 연구자들 사이에서 학문적 논쟁을 불러일으킬 수 있는 좋은 연구라고 생각한다면 그런 연구를 하겠다는 연구자를 말리지는 않겠으나 저자는 할 수만 있다면 의미해석범위가 0에 가까운 이상적인 연구를 하기 위해 노력할 것이다.

둘째, 연구결과의 의미에 대한 해석은 반드시 연구결과의 범위 내에서 이루어져야 한다. 연구결과의 의미를 해석하면서 연구를 통해 얻은 결과의 범위를 넘어서는 어떤 사실에 근거하여 연구결과의 의미를 해석한다는 것은 심하게 표현하자면 '그렇다면 애초에 이 연구를 왜 하고자 했나?'라는 비판 앞에 연구자가 스스로를 내던지는 것과 다를 바가 없다. 그런데 한 가지 오해하지 말아야 할 것은 '연구를 통해 얻은 결과'가 자료분석 결과만을 의미하는 것이 아니라는 점이다. 연구를 통해 얻은 결과란 [그림 4-1]의 연구단계 중 결론 및 함의 단계를 제외한 모든 단계에서 얻은 결과를 뜻한다. 즉, 연구자는 연구를 시작한 시점부터 연구결과 및 논의 단계까지의 전 과정에서 자신이 했던 모든 사고와 자신이 내린 모든 결정에 근거하여 연구결과의 의미를 해석할 수 있고 실제로 그렇게 해야 한다. 그렇게 할 수 있음에도 불구하고 연구결과의 범위를 벗어난 어떤 사실에 근거하여 연구결과의 의미를 해석할 수밖에 없다면 그 연구는 아직 결론 및 함의 단계가 남아 있기는 하지만 결코 잘된 연구로 인정 받기 어려울 것이다.

셋째, 매우 어처구니없게 들리겠지만 자신이 한 연구결과의 의미에 대한 해석이 어느 정도의 타당성을 인정 받을지는 연구결과 및 논의 단계에서 결정되는 것이 아니라 이미 연구방법 단계에서 상당 부분 결정된다. 이 말의 의미는 '~한 연구결과는 ~를 의미한다(또는 할 수밖에 없다)'라는 주장을 할 수 있을 가능성을 높이는 데 있어서 다음의 두 가지 능력 중 굳이 어느 능력이 더 중요한 요소인지 생각해 보면 매우 분명해진다.

이미 얻었고, 그렇기 때문에 바꿀 수 없거나 바꾸기 힘든 연구결과를 해석하는 능력	의미 해석 범위가 0에 가까운 연구결과를 얻기에 가장 적합한 연구방법을 선택하는 능력

당연히 적절한 연구방법을 선택하는 것이 나중에 연구결과 및 논의 단계에서 연구자가 하게 될 의미 해석의 타당성을 높이는 데 더 중요한(왜냐하면 연구자가 실제로 통제할 수 있기 때문에) 접근 방법이다.

독자들 중 어떤 사람은 자칫 이 주장이 양적 연구에만 해당되는 주장이라고 생각할지도 모른다. 물론 양적 연구는 정형화된 연구방법 중 자신이 원하는 연구방법을 선택할 수 있는 연구이고, 질적 연구는 특정 연구방법을 선택한 다음 그에 따라 연구를 진행하는 성격의 연구가 아니다. 그러나 이 주장은 당연히 질적 연구에 해당되는 주장이다. 왜냐하면 질적 연구에서 가장 중요한 도구는 연구자이기 때문이다. 질적 연구에서 얼마나 풍부하고, 깊이 있고, 원하는 지식을 얻게 해 줄 수 있는 텍스트를 생성해 낼 수 있는지는 자신이 얻으려는 지식을 얻기에 가장 적합한 질적 연구방법을 선택할 수 있는 능력, 연구를 위해 철저한 사전 준비를 할 수 있는 능력, 연구대상으로부터 관심과 참여를 이끌어 낼 수 있는 능력, 적절한 질문과 반응을 보일 수 있는 능력, 적절한 시점에 적절한 방식으로 심층 질문(probing)을 할 수 있는 능력 등에 의해 결정된다. 이러한 능력들은 모두 연구자가 연구결과 및 논의 이전 단계에서 할 수 있고 또 해야 하는 선택들이며, 이는 연구자가 얼마나 뛰어난 통찰력을 가지고 텍스트 안에 담겨 있는 의미를(어쩌면 다른 사람들은 볼 수 없는) 찾아내고 해석할 수 있는가의 문제와는 다른 것이다.[5)]

이와 같은 논리에서 연구방법은(양적 연구방법이든, 질적 연구방법이든 상관없이) 연구결과의 의미 해석의 타당성에 결정적인 영향을 미친다. 그렇기 때문에 연구자는 이 책의 제9장에서 다시 논의하겠지만, 연구방법에 관한 결정을 하기 이전에 자신이 어떤 목적과 필요성에서 어떤 연구를 하는지는 물론이고, 더 나아가서 자신이 어떤 연구방법을 사용할 때 어떤 연구결과를 얻게 될지, 그러한 연구결과의 의미를 어떻게 해석할 수 있을지 등에 대해서도 어느 정도 이해할 수 있어야 한다. 그렇게 되기 위해서 연구자는 실제로 연구를 하기에 앞서 자신이 하려는 연구의 처음부터 끝까지의 모든 과정을 머릿속에 그려 볼 수 있는 능력을 키워야 한다.

5) 일단 연구결과를 얻고 나면 바꿀 수 없는 양적 연구와 달리 질적 연구에서는 필요하다면 다시 연구대상에게 되돌아가서 더 많은 정보를 얻는 것이 가능하다. 따라서 질적 연구의 경우, 연구결과의 의미 해석의 타당성이 연구방법에 의해 결정되는 정도가 양적 연구에 비해 상대적으로 낮은 것은 사실이다.

6. 결론 및 함의

연구의 맨 마지막 단계는 결론 및 함의 단계이다. 이 단계에서 연구자는 자신이 이 연구를 통해서 주장하고자 하는 바를 밝혀야 한다. 우리가 연구를 하는 이유는 결국 자신의 주장을 뒷받침할 수 있는 근거를 찾기 위해서이다. 따라서 연구를 통해서 그러한 근거를 찾았다면 연구자는 당연히 자신의 주장을 펼쳐야 하며, 더 나아가서 그러한 주장이 무엇을 의미하는지, 어떤 변화 내지 행위로 이어질 수 있는지, 어떻게 활용될 수 있는지 등을 함의로서 설명해야 한다.

앞서 언급한 바와 같이, [그림 4-1]에서 두 화살표로 표현되는 논리의 범위는 연구질문·가설 단계를 지나면서 다시 넓어지기 시작하여 결론 및 함의 단계에 이르면 연구의 첫 과정인 문제인식 단계만큼 넓어진다. 이는 연구자의 주관적일 수밖에 없는 연구자의 주장이 결론 및 함의 단계의 핵심임을 말해 주는 것이다. 물론 연구자는 연구의 7단계 모두에서 자신의 연구를 기존의 연구와 차별성을 갖는 연구로 만들 수 있다. 그러나 어떤 연구를 실질적 의미에서 독창적 연구로 만드는 것은 그 연구의 연구질문·가설 단계와 결론 및 함의 단계이며, 그중에서도 연구자가 자신만의 주장을 펼칠 수 있는 결론 및 함의 단계야말로 자신의 연구에 학문적 실천적 가치를 부여할 수 있는 가장 중요한 단계라고 할 수 있다.

이러한 중요성에도 불구하고 연구 경험이 많지 않은 연구자들이 이따금씩 결론 및 함의 단계를(혹은 이와 유사한 제목을 가진 연구의 맨 마지막 단계를) 자신의 주장을 펼치는 단계가 아니라 이제까지 자신이 연구를 통해 얻은 결과를 다시 요약·서술하는 단계로 생각하는 오류를 범하곤 한다. 저자는 연구자들이 이러한 오류를 범하게 되는 가장 근본적인 이유 중 하나가 바로 연구가 명확하고 구체적인 문제의식에서 출발하지 않았기 때문이라고 생각한다. 앞서 제1장에서 논의한 바와 같이, 사회복지학은 실천학문이며 그렇기 사회복지연구는 결론 및 함의라는 소제목 아래에 지극히 상식적인 수준의 바람이나 이미 널리 알려진 지식을 연구자의 언어로 장황하게 표현하는 연구가 아니라 무엇을 어떻게 해야 할지를 구체적으로 제시하는 연구이어야 한다. 이와 관련해서 저자는 구체적인 결론이나 함의를 제시하는 연구 중에서 뚜렷한 문제의식에서 출발하지 않은 연구는 거의 본 적이 없으며, 뚜렷한 문제인식에서 출발하지 않은 연구가 구체적인 결론이나 함의를 제시하는 경우는 특히 이제까지 단 한 번도 본 적이 없다. 그렇기 때문에 명확한 문제의식이야말로 구체적인 결론 및 함의를 이끌어 내기 위한 필수조건이라고 생각한다.

저자는 종종 동료 연구자들에게 그리고 논문을 쓰고자 하는 학생들에게 어떤 연구이든 그 연구의 결론 및 함의 부분을 읽고 그 내용의 구체성을 평가한 다음, 평가결과에 근거하여 해당 연구의 맨 첫 단계에서부터 연구질문·가설 단계에 해당하는 내용이 어떠할지를 예측해 보는 기회를 가져 볼 것을 권한다. 독자들 중에서도 관심 있는 사람은 꼭 한 번 해 보기 바란다. 매우 흥미로운 결과를 얻게 될 것이라 확신한다. 문제인식과 결론 및 함의 간에 관련성이 높지 않은 연구가 제2장에서 정의한 잘된 연구가 될 수 있는 가능성은 거의 없다. 관련성이 낮은 경우는 그래도 나은 편이다. 더 심각한 경우는 문제인식과 결론 및 함의 간에 관련성이 전혀 없거나 심지어는 '이러한 문제인식에서 출발한 연구가 어떻게 이런 결론이나 함의를 제시할 수 있는가?'라는 놀라움과 함께 아마도 서로 다른 선행연구에서 문제인식 부분과 결론 및 함의 부분을 각각 빌려왔거나, 연구의 실질적 출발점이 자신만의 문제의식이 아니라 특정 통계분석방법에 대한 경외심이 아니었겠나 하는 생각을 갖게 만드는 연구들이다.[6)]

다시 강조하건대, 결론 및 함의 단계에서 연구자가 해야 할 것은 연구질문·가설, 연구방법, 연구결과, 그리고 자신이 해석한 연구결과의 의미에 기반하여 자신의 주장을 펼치는 것이다. 그리고 그러한 주장은 자신이 해당 연구를 하게 된 이유이고, 목적이고, 필요성이면서 동시에 출발점인 문제의식이라는 맥락과 높은 내용적 관련성과 논리적 일관성을 모두 가진 주장이어야 한다. 그렇기 때문에 결론 및 함의 단계라는 바다를 항해하는 연구자들은 항상 '내가 애초에 이 연구를 왜 하려고 했지?'라는 나침반을 곁에 두어야 한다는 것을 기억해야 한다.

---

6) 그런 의심이 가는 연구들의 수가 한 권의 학술지에 실린 연구논문들 중 잘된 연구의 수 못지않게 많아지는 안타까운 변화를 바라보면서 저자는 그러한 변화의 진행 속도를 조금 늦추거나 진행 방향을 반대 방향으로 돌리는 데 기여할 수 있다면 좋겠다는 생각에서 이 책을 쓰기 시작했다.

5

왜 무엇을 알고자 하는가?

"어라, 아무것도 없는데?"

"맞아, 이번 장에는 아무 말도 없어. 정말 재미있지? 지금 보려고 하지 말라고 분명히 말했는데 말이야."

"사람들은 절대로 하지 말라는 것은 아무리 말려도 꼭 하고야 말지. 그게 인간이 가진 본성인 것 같아."

"아! 그럼 혹시 '절대로 하나의 주제에 대해서 꾸준히 생각하지 말라'고 하면 그 말을 들은 사람은 아무리 말려도 꾸준히 생각하려나?"

"연구는 그런 과정 없이는 불가능한 것이거든."

'왜 무엇을 알고자 하는가?'라는 질문은 말 그대로 '왜 알고자 하는가?'라는 질문과 '무엇을 알고자 하는가?'라는 두 가지 질문으로 이루어진 복합질문이다. 아마도 독자 가운데 어떤 사람은 '무엇을 먼저 묻고 그다음에 이유를 묻는 것이 논리적인 것이 아닌가?'라는 질문을 던질 수도 있을 것이다. 그런 질문을 하려는 독자에게 저자는 '왜'라는 의문사와 '무엇'이라는 의문사에 대한 답을 찾는 과정은 사실 동시에 진행되는 과정이지만 자신의 연구가 제3장에서 정의했던 '잘된 사회복지연구'가 되게 하려면 '왜'라는 질문에 대한 답을 찾는 과정을 먼저 거치는 것이 바람직하다는 것을 말해 주고자 한다. 그럼 이제 '도대체 왜 그렇게 해야 하지?'라는 또 다른 질문을 던질 준비를 하고 있는 독자들에게 '그렇게 해야 하는 이유'를 설명하면서 이번 장에서의 논의를 시작해 보겠다.

모든 연구자는 연구를 시작하기에 앞서 반드시 '왜 무엇을 알고자 하는가?'라는 질문에 답할 수 있어야 한다. 그렇게 해야만 연구자는 비로소 자신이 하려는 연구의 필요성을 분명하게 이해할 수 있고, 더 나아가서 다른 사람들에게 자신의 연구가 필요하다는 주장을 설득력 있게 할 수 있기 때문이다.[1)] 왜 '왜'가 '무엇'보다 먼저이어야 하는지를 설명하기 위해서 먼저 이 두 질문이 어떻게 다른지를 살펴보기로 하자. 어떤 사람에게 다음과 같은 방정식을

$$x-2=2 \quad [5-1]$$

풀어 보라고 했다고 가정해 보자. 그리고 그 사람에게 '지금 무엇을 알고자 하는 것입니까?'라고 물어보면 아마도 그 사람은

'어떤 수에서 2를 빼면 그 결과가 2가 되는지 알려고 합니다' 또는
'x가 무엇인지 알려고 합니다.' [5-2]

라고 답할 것이다. '무엇을 알고자 하는가?'라는 질문은 이처럼 연구자가 알고자 하는 바의 내용을 묻는 질문이다.

이와 달리, 이번에는 위의 방정식을 풀려는 사람에게 'x가 무엇인지 왜 알려고 합니까?'라고 물어보자. 어떤 답이 나올 수 있을까? 물론 100% 확신할 수는 없겠지만 아마도

'뭐라고요?' 또는 '지금 뭘 묻는 것인가요?' [5-3]

라는 답 외의 답을 기대하기는 어려울 것이다. 그렇다면 왜 [5-3] 외의 답을 기대하기 어려울까? 그 이유는 분명하다. 이 사람은 자신에게 주어진 방정식을 풀려고 하는 것

---

1) 사실 올바른 표현은 '이 질문에 답할 수 있어야 한다'는 것이 아니라 논리적 사고 과정을 통해서 '~기 때문에 이 연구를 해야 하겠구나'라는 결론에 도달해야 한다는 것이다. 이에 대해서는 이 장의 이하 부분에서 좀 더 자세하게 논의하기로 하겠다.

일 뿐 자신이 방정식 문제를 만들어 낸 것이 아니기 때문이다.

다른 말로 표현하면 '이 사람은 이 방정식이 만들어진 맥락과 무관하다' 또는 '이 사람에게는 [5-1]의 방정식과 관련된 아무런 맥락이 없다'는 것이다. 이 말의 의미를 좀 더 이해하기 쉽게 설명하기 위해 다음과 같은 상황을 생각해 보자.

예 5-1

엄마: 네가 원하는 게임 CD 두 개 모두를 사 줄게. 그런데 말이야, 네 동생은 늘 형이 하는 것은 뭐든지 똑같이 하고 싶어 하니까 동생에게도 너만큼 게임 CD를 사 줘야 할 것 같지 않니? 물론 항상 솔직해야 하니까 동생에게 거짓말을 할 수는 없겠지? 그렇다면 너도 기쁘고, 동생도 너만큼 기쁘려면 게임 CD를 몇 개나 사야 할까?

아들: 아! 그러니까 엄마가 사 준 게임 CD 중에서 내가 두 개를 갖고 동생도 나랑 똑같이 게임 CD를 가지려면 게임 CD를 몇 개 사야 하냐는 말이지요?

[예 5-1]에 제시된 상황은 맥락(context)이다. 이러한 맥락이 존재할 때 [예 5-1]에서 아이는 자신과 관련해서 벌어지고 있는 구체적인 상황으로부터 자신이 해결해야 할 문제를 인식하게 되고, 그 문제를 해결하는 데 지식이 필요하다는 것을 알게 됨과 동시에 더 나아가서 자신이 인식한 문제와 그 문제를 해결하는 데 필요한 지식을 얻는 과정을 위의 방정식으로 표현 혹은 단순화할 수 있다. 그럼 이제 이런 맥락 안에서 앞서 했던 두 가지 질문을 [예 5-1]의 아이에게 다시 해 보자. '무엇을 알고자 하는 것인가?'라는 질문에 아마도 아이는

엄마가 게임 CD를 모두 몇 개 사야 하는지 알려는 거예요. [5-4]

라고 답할 수 있을 것이다. 그렇다면 엄마가 게임 CD를 몇 개 사야 하는지를 '왜 알아야 하지?' 또는 'x를 왜 알아야 하지?'라는 질문에 대해서 아들은 어떤 답을 할까? 아마도 아들의 답은

게임 CD가 몇 개 필요한지 알아야 엄마가 게임 CD를 그만큼
살 것이고, 그래야 내 동생을 나만큼 기쁘게 해줄 수 있으니까요! [5-5]

가 될 것이다.

앞의 [예 5-1]은 우리에게 두 가지 것을 말해 준다. 첫째, 맥락이 있고 없음에 따라서 '무엇'이라는 질문에 대한 답이 [5-2]와 [5-4]처럼 달라진다는 것이다. [5-2]와 [5-4]의 차이는 독자들 각자가 충분히 이해할 수 있을 것이라 생각한다. 그런데 질문이 '왜'가 되면 차이는 더 극명해진다. 맥락이 없을 때 '왜'를 묻는 질문에 대해서 우리는 어찌 보면 답이라고 할 수 없는 [5-3]을 답으로 제시하는 것이 고작이지만, 맥락이 존재할 경우, 우리는 [5-5]와 같은 구체적인 답을 제시할 수 있다.

맥락은 이처럼 연구에 구체성이라는 활력을 불어넣어 주는 중요한 요소이다. 그렇기 때문에 연구자는 [그림 4-1]에 제시된 연구의 단계 중 단계1부터 서론까지로 정의되는 연구의 '전반부'에서 반드시 '왜 무엇을 알고자 하는가?'라는 질문에 대해서 [5-4]와 [5-5] 같은 명확한 답을 제시할 수 있기 위해 스스로에게 '나는 왜 무엇을 알고자 하는가?'라는 질문을 끊임없이 던지고 답을 찾고자 노력해야 한다. 그리고 그 답은 다름 아닌 '문제'에서 찾을 수 있다는 사실을 기억해야 한다. 왜냐하면 모든 사회복지학 연구의 맥락은 '해결해야 할 문제'이기 때문이다.

[예 5-1]이 우리에게 말해 주는 또 한 가지 것은 구체적인 맥락이 있을 때 '무엇'이라는 질문에 대한 답은 '왜'라는 질문에 대한 답을 찾는 과정에서 자연스럽게 나온다는 것이다. 간단한 실험을 통해서 이 사실을 확인해 볼 수 있다. [5-4]를 손으로 가린 다음 [5-5]만 읽어 보자. 우리가 읽은 것은 '왜'라는 질문에 대한 답뿐이다. 그렇지만 우리는 그 '왜'라는 질문에 대한 답 속에서 '무엇'이라는 질문에 대한 답도 찾을 수 있다. 그것이 왜 가능한가?

왜냐하면 구체적인 맥락이 있을 때 '왜' 질문의 답 속에는 이미 '무엇' 질문에 대한 답이 들어 있기 때문이다. 다시 말해서 구체적인 맥락이 존재한다면 '왜'라는 질문에 대한 답은 '무엇' 질문에 대한 답을 찾기 위한 충분조건인 경우가 대부분이라는(반드시 그렇지 않을 수도 있다) 것이다. '왜'에 대한 답을 찾는 노력이 '무엇'에 대한 답을 찾는 노력보다 선행되어야 하는 이유는 바로 이 때문이다.

또 한 가지 아주 간단한 실험을 통해서 우리는 맥락이 존재하지 않을 때 '무엇'에 대한 답은 찾을 수 있지만 '왜'에 대한 답은 찾을 수 없다는 것을 알 수 있다. [예 5-1]을 읽지 않은 어떤 사람에게 [5-4]를 읽게 하면 그 사람은 자신이 읽은 내용을 그냥 단순히 '어떤 사람이 한 말'이라고 생각하고 '그런가 보다'라고 생각할 것이다. 그런데 동일한 사람에게 [예 5-1]의 내용은 모르게 한 상태에서 [5-5]만 읽어 보게 하면 그 사람은 '이게 도대체 무슨 소리야?'라고 하면서 어리둥절해 할 것이다. [5-4]를 읽었을 때와 [5-5]를 읽었을 때 왜 반응이 다른가? 왜냐하면 구체적인 맥락이 없더라도 연구의 내용인 '무엇'은 어느 정도 알 수 있지만 연구의 목적인 '왜'는 구체적인 맥락 없이는 이해하기 어렵기 때문이다.

더 큰 문제는 구체적인 맥락이 존재하지 않는다면 연구자는 '내가 알고자 하는 바를 안다는 것이 무슨 의미인가?', 그리고 궁극적으로는 '내가 알게 된 것이 정말로 내가 알고자 하는 것 혹은 내가 알아야 하는 것이 맞는가?'라는 질문에 대해서 자신이 찾은 답이 과연 옳은 답인지조차 판단할 수 있는 기준을 가질 수 없다는 것이다.

그런데 연구를 할 때 과연 연구자가 '왜'는 모른 채 '무엇'만 아는 경우도 있나? 그리고 '왜'를 모르는 것이 정말 심각한 문제인가? 아마도 다음의 [예 5-2]가 이 두 가지 질문에 대한 답을 찾는 데 도움을 줄 것이다.

예 5-2

A: 연구자가 연구하려는 하는 바가 무엇이고, 그 연구를 왜 해야 하는지 다시 한 번 분명하게 이야기해 주시겠습니까?

B: 네, 아까도 말씀드렸듯이 제가 연구하고자 하는 바는 OO도 OO군 지역에 거주하는 목회자 부부의 생활만족도를 알아보는 것입니다. 개척교회를 이끌어 간다는 것은 여러 가지 면에서 힘든 일인데, 그러다 보니 개척교회를 운영하는 목회자 부부는 생활에 문제가 있을 것이라는 생각을 갖게 되어서 이 연구를 하게 되었습니다. 이 연구를 통해 얻은 결과가 이들을 위한 사회복지 개입 방안을 모색하는 데 중요한 기초가 될 것이라고 생각합니다.

A: 혹시 OO군 지역의 개척교회 목회자 부부의 생활에 대해서 연구자가 가지고 있는 생각을 뒷받침해 줄 만한 어떤 근거가 있습니까?

B: 네, 이제까지 개척교회 목회자 부부의 생활만족에도 관한 많은 연구가 이루어진 바 있는데, 그러한 연구들에서 공통적으로 개척교회 목회자 부부가 생활에 어려움을 겪고 있는 것으로 나타나 있습니다.

A: 아! 선행연구들이 많이 있군요. 그렇다면 이 연구를 또 해야 하는 이유는 무엇인가요? 다시 말해서 기존의 연구들로부터 얻을 수 없는 부재한 지식이 무엇이어서 이 연구를 해야 하는 것인가요?

B: 그것에 대해서는 분명하게 말씀드릴 수 있는데, 안타깝게도 이제까지의 연구들 중에는 OO도 OO군 지역의 목회자 부부를 대상으로 한 연구가 단 한 편도 없었습니다. 그래서 저는 이번에 OO도 OO군 지역의 목회자 부부를 대상으로 연구를 하려고 합니다.

A: 아! 질문을 다시 하지요. 일단 논의를 원활하게 하기 위해서 개척교회 목회자 부부 전체를

일반적인 대상이라고 부르고, 연구자가 연구하고자 하는 특정 지역의 목회자 부부를 연구대상이라고 부르기로 하지요. 자! 그럼 일반적인 대상에 대해서 이제까지 알려진 지식말고 또 어떤 지식이 더 필요하기에 이 연구를 그 연구대상에 대해서 해야 한다는 것인가요? 혹시 일반적인 대상과 달리 연구대상들만이 직면한 어떤 특별한 문제가 있습니까? 아니면 혹시 ○○군 지역이 다른 지역과 뚜렷하게 다른 어떤 특성을 가지고 있어서 그 지역의 목회자 부부는 다른 지역의 목회자 부부와 생활만족도에 있어서 다를 수밖에 없는 어떤 이유가 있습니까?

B: 아니 뭐 꼭 그런 것은 아닙니다… 그런데 지금 뭐라고 질문하셨는지 잘 이해가 되지 않는데 한 번만 다시 말씀해 주실 수 있나요?

A: 제 질문의 핵심은 이미 많은 기존의 연구가 존재하는데 이 연구를 도대체 왜 또 해야 하는가, 다시 말해서 연구자의 연구가 '왜, 무엇을 알고자 하는 연구인가?'라는 것입니다.

B: 글쎄요. 그렇게 물으시면… 아직 그것까지는 생각을 해 보지 않았지만 제게는 제가 하고자 하는 연구가 매우 중요한 연구라고 느껴집니다.

A: 중요한 것은 느낌이 아니라 설득력 있는 주장이어야 하겠지요. 아마도 그러한 중요한 사항에 대해서 아직 생각이 정리되지 않았다는 것이 연구자가 현재 써 놓은 이 글에서 문제제기, 연구목적, 연구의 필요성 부분이 차지하는 비중이 지극히 적을 뿐만 아니라 연구자가 제시한 연구의 중요성이나 목적, 그리고 연구하려는 바가 글 전체에서 일관되지 않게 나타나는 이유가 아닌가 생각됩니다.

B: …….

B: 그렇다면 혹시 제 연구의 성격이 기술적 연구라고 하면 어떨까요?

A: 무슨 말씀이신가요?

B: 아! 제 말은 개척교회 목회자 부부의 생활만족도를 알고자 하는데 ○○도 ○○군 지역의 개척교회 목회자 부부를 연구대상으로 하여 살펴봤다고 하면 말이 되지 않겠느냐는 것입니다.

A: 제 질문이 바로 그것입니다. 왜 ○○도 ○○군 지역의 개척교회 목회자 부부의 생활만족도 수준을 알아야 하는 것인가요?

B: …….

A: 혹시라도 연구대상이 거주하는 지역이 기존의 연구에서 연구된 지역과 다르다는 것을 연구의 필요성이라고는 생각하지 마시기 바랍니다. 만일 ○○군에 거주하는 개척교회 목회자 부부에 대해서는 연구된 바가 없다는 것이 이 연구를 해야 하는 이유라고 생각하신다면 아마도 우리는 앞으로 연구자가 하려는 연구와 동일한 연구를 우리나라에 존재하는 군이라는 행정구역의 수만큼 할 수 있을 것입니다. 예를 들면, 이번에는 ○○군에 거주하는 개척교회 목회자 부부를 연구하고, 그다음에는 바로 옆 군에 거주하는 목회자 부부를 연구하는 식으로 말이지요. 무엇보다 먼저 '○○군의 개척교회 목회자 부부의 생활만족도를 왜 알아야 하는지 고민해 보기 바랍니다. 일단 그 질문에 대한 답을 찾은 후에 연구자가 생각하는 연구방법이 무엇을 위한 연구방법이며, 과연 타당한 연구방법인지를 생각하는 것이 올바른 순서일 것 같습니다.

[예 5-2]는 연구자가 '무엇'에 지나치게 몰입하여 자신이 하려는 연구를 '왜' 해야 하는지에 대해 고민하지 못한다는 것이 어떤 것인지를 단적으로 보여 주는 예이다.[2] [예 5-2]의 B처럼 스스로에게 '왜'라는 질문을 던져 보지 않은 연구자는 거의 예외 없이 '무엇' 질문에 대해서도 명확한 답을 제시하지 못한다. 앞서 언급한 바와 같이, 연구의 목적에 대한 분명한 인식 없이는 연구의 내용을 올바르게 정하기 어렵기 때문이다.

물론 [예 5-2]에서 B는 자신이 알고자 하는 '무엇'을 ○○도 ○○군에 거주하는 개척교회 목회자 부부의 생활 만족도라고 밝히고 있다. 그런데 B가 생각하고 있는 '무엇'은 연구의 맥락과 목적이 부재한(또는 불분명한) 상태에서 결정된 '무엇'이다. 만일 B가 멘토의 충고를 받아들여 연구를 일단 중지하고 연구의 가장 첫 단계인 문제 인식부터 다시 시작해 본다면 B의 머릿속에 자리하게 될 '무엇'은 [예 5-2]의 '무엇'과 전혀 다를 수 있다. 왜냐하면 문제 인식 과정을 통해서 연구의 맥락과 목적이 달라질 것이기 때문이다.[3]

연구자가 '무엇을 왜'라는 질문에 대해서 [5-4]나 [5-5] 같은 구체적이고 납득할 만한 수준의 답을 제시할 수 없다면 그것은 연구 과정에 명목적인 차원의 문제가 아니라 실질적인 차원의 문제를 야기한다. '왜 무엇을'이라는 질문에 대해서 [5-2]나 [5-3] 같은 수준의 답밖에 제시할 수 없는 상태에서 연구를 진행하는 것은 마치 첫 번째 구멍에 두 번째 단추를 끼운 상태에서 나머지 단추들을 계속 끼워 나가는 것과 같다. 물론 첫 번째 구멍에 두 번째 단추를 끼우더라도 단추를 계속해서 끼울 수 있으므로 연구 그 자체는 계속해서 진행할 수 있다. 그러나 '왜 맨 마지막 단추를 끼울 구멍이 없지? 상황은 조만간 필연적으로 발생한다. 이제 이 정도 설명이면 '왜 무엇을' 알아야 하는지 모르는 상태에서 연구를 더 이상 진행하는 것이 왜 무의미한지를 이해하는 데 아마도 큰 무리는 없을 것이라고 생각한다.

연구를 함에 있어서 마지막 단추를 어디에 끼워야 할지 모르는 문제가 심각한 문제라는 사실은 연구의 다른 어떤 단계에서 보다 '연구의 함의' 부분에서 명확하게 드러

2) 저자는 '개척교회 목회자 부부의 생활 만족도'가 아닐 뿐 실제로 [예 5-2]와 전혀 다를 바 없는 연구들이 발표되는 것을 지금도 많이 보고 있다.

3) 물론 그 과정을 거친 후에도 B의 머릿속에는 애초의 '무엇'과 동일한 '무엇'이 그대로 남아 있을 수도 있다. 안타깝지만 때로는 연구자가 타고난 운명을 받아들이는 것이 우리가 할 수 있는 전부일 때도 있다.

난다. 연구결과는 얻었으나 그로부터 아무런 함의를 찾을 수 없게 되는 상황이 바로 그것이다. 많은 경우, 연구자들이 연구결과로부터 지극히 상식적인 수준의 함의 또는 연구결과와 전혀 무관한 함의를 도출하는 오류를 범한다. 저자는 그 이유가 다름 아닌 '왜 무엇을'이라는 질문에 대한 고민이 없었거나 충분하지 않았기 때문이라고 생각한다.

이 말의 의미를 좀 더 쉽게 이해할 수 있도록 다음과 같은 예를 들어 보기로 하자. 예를 들어, 어떤 사람의 손에 무엇인가를 쥐어 주었을 때 그 상황이 다음의 두 가지 경우 가운데 어느 한 경우에 해당하는 상황이라고 가정해 보자.

경우 1	경우 2
생전 처음 보는, 용도를 알 수 없는 것이라면 그 사람은 그것을 손에 쥐고 어리둥절해 하거나 그것을 잘못 사용하여 자신 또는 타인에게 해를 입힐지도 모른다.	그 사람이 간절히 원했던 것이라면 그 사람은 기다렸다는 듯이 그것을 활용할 것이다.

경우 1은 진주를 선물 받은 돼지가 진주를 준 사람을 물어 버릴 수 있다는 말의 의미를 잘 이해할 수 있게 해 주는 경우이다. 자신이 왜 무엇을 원하는지조차 모르는 연구자가 연구결과로부터 도출할 수 있는 함의가 절대로 상식 수준의 것 이상이 될 수 없음은 당연한 것이다. 이 경우, 우리가 할 수 있는 것은 그 연구자가 부지런한 연구자가 아니어서 연구결과로부터 잘못된 함의를 도출하는 수고를 하거나 사람들에게 그런 잘못된 함의를 알려 주려는 수고를 하지 않기만을 바라는 것뿐이다. 이와 달리, 연구자가 경우 2에 해당하는 사람이라면 그 연구자는 자신이 왜 무엇을 원하는지 이미 알고 있는 연구자이므로 당연히 연구결과로부터 구체적이고 유용한 함의를 도출해 낼 수 있을 것이다.

'왜 무엇을?'이라는 질문에 대해 분명한 답을 갖고 있는 것과 그렇지 못한 것은 바로 이러한 실질적인 차이를 만들어 낸다. 이와 관련해서 말하지 않을 수 없는 것이 한 가지 있다. 요즈음 우리는 종종 '특정 분석기법을 사용하는 연구가 제가 하고자 하는 연구입니다'라는 말을 하는 연구자들을 심심치 않게 볼 수 있다. 대부분은 자료분석기법에 남다른 매력을 느끼는 연구자들과 그러한 연구자들로부터 연구자가 되기 위한 훈련을 받은 연구자들로서 이들은 엄청난 비용을 지불하고 특강에 참여하여 배운 자료분석기법들로 무장하고 그 기법을 써 볼 수 있는 자료와 연굿거리를 찾아 헤매는 'Jack The Ripper'[4]와 유사한 비정상적인 행태를 보인다. 그리고 이러한 비정상적인 행태는 마찬가지로 정부가 미친 듯이 써 대는 비정상적인 연구비에 의해서 장려된다. '슬픈 희극'이라는 새로운 장르에 해당하는 예술이 사회복지학계에서 유행처럼 번지고 있다.

이들은 보통 자신의 연구논문에 '분석기법을 이용한 연구'라는 식의 제목을 붙이는데, 저자에게 있어서 이러한 논문 제목이 의미하는 바는 매우 분명하다.

무엇을? 특정 자료분석기법을	왜? 알게 되었다는 사실을 알리고 싶다.

물론 저자는 매번 이런 제목을 가진 논문을 접할 때마다 '내가 가진 이러한 생각이 지나친 일반화일 수 있으며, 그러한 일반화가 절대로 자기실현적 교리가 되지 않게 경계해야 한다'는 생각을 거듭하면서 논문을 읽는다. 그런 논문들은 예외 없이 연구의 함의 부분을 읽고 나면 '도대체 혹은 어떻게 이런 함의를?'이라는 의문을 갖게 만든다.

그렇다면 '왜 무엇을?'이라는 질문에 대해서 [5-4]나 [5-5] 수준의 구체적이고 명확한, 그리고 납득할 수 있는 답을 찾으려면 어떻게 해야 하는가? 이 질문에 대한 답은 매우 간단하다. 앞서 언급한 바와 같이, 연구의 전반부에서 연구자는 문제 인식에서 출발해야 한다. 사회복지학 연구의 출발점은 연구자가 사회, 사회구성원 또는 연구자 자신이 처한 불만족스러운 현실이라는 맥락 속에서 무엇이 문제인지를 인식하고, 그 문제를 해결하기 위해서 어떤 지식이 필요한지를 분명하게 이해하는 것이다.

앞서 언급한 바와 같이, 여기서 말하는 문제란 부정적인 어떤 상태라고 정의되는 개념만을 말하는 것이 아니라 실현되지 않은 혹은 실현되지 못한 더 높은 수준의 복지에 다다를 수 있는 가능성까지 포함하는 개념이다. 따라서 사회복지학 연구의 출

4) 1888년 8월부터 11월까지 3개월에 걸쳐 영국 런던의 화이트채플 지역에서 최소 5명 이상을 살해한 연쇄 살인범. https://ko.wikipedia.org/wiki/%EC%9E%AD_%EB%8D%94_%EB%A6%AC%ED%8D%BC

발점으로서 문제를 인식한다는 것은 사회복지 실재와 실천 현장에 대한 직간접적인 경험과 이론을 바탕으로 클라이언트와 관련된 부정적인 상황과 아직 실현되지 않은 복지증진 가능성을 파악하는 것을 말한다. 이 과정은 [그림 4-1]의 문제인식 단계에 해당하는 과정이며, 연구의 전반부에서 반드시 성취되어야 할 핵심과제이다.

문제인식 단계에서 가장 중요한 것은 문제를 명확하게 파악하는 것이다. 그렇게 하려면 연구자는 적어도 다음과 같은 질문들에 대한 답을 찾아봐야 한다.

1. 문제라고 정의되는 상황 또는 현상은 무엇인가?
2. 문제라고 정의되는 상황 또는 현상이 부정적인 상황 또는 현상인가, 아니면 실현되지 않은(못한) 복지증진 가능성인가?
3. 문제라고 정의되는 상황 또는 현상이 사회복지 전문개입을 필요로 하는 문제인가? 그렇게 생각할 수 있는 근거는 무엇인가?
4. 만일 질문 2에 대한 답이 '어느 것도 아니다'라거나 질문 3에 대한 답이 '사회복지 개입이 반드시 필요한 것은 아니다'라면 문제라고 정의되는 상황 또는 현상이 어떤 의미에서 문제인가?
5. 연구자 외에 누가(또는 어떤 주체가) 질문 1의 상황 또는 현상을 문제로 인식하는가? 연구자 자신만이 이러한 상황 또는 현상을 문제라고 보는 것은 아닌가?
6. 해결(개입)할 수 있는 문제인가?
7. 현실적인 의미에서 문제를 해결한다는 것은 무엇을 의미하는가?
8. 문제가 해결되지 않은 이유는 무엇인가? 문제가 해결되지 않음으로써 어떤 결과가 나타나고 있는가?
9. 문제를 해결하기 위해서는 구체적으로 어떤 노력이 어떤 우선순위에 따라 이루어져야 하는가? 현재 이루어지고 있지 않은 노력은 어떤 것인가?
10. 어떤 지식이 부족 혹은 부재하기 때문에 문제해결에 필요한 어떤 노력이 이루어지지 못하고 있는가? 이 질문에 대한 답이 질문 9에 대한 답이 되는가?
11. 문제를 해결하기 위해서는 어떤 지식이 필요한가? 필요한 지식들 간의 우선순위는?
12. 문제를 해결하는 데 기존 지식 외에 새로운 지식이 필요한가? 새로운 지식이

필요하다면 우선순위는?

이러한 고민 과정을 거친 연구자와 그렇지 않은 연구자 간에 어떤 차이가 있는지는 다음과 같은 예를 통해서 분명하게 보여 줄 수 있다.

예 5-3

A: 혹시 길 건너 Blue Moon 카페에 가는 길이면 커피 한 잔 부탁할 수 있을까요?
B: 물론이지요. 그럼 다녀오겠습니다.

……

A: 혹시 길 건너 Blue Moon 카페에 가는 길이면 커피 한 잔 부탁할 수 있을까요?
C: 물론이지요. 어떤 종류의 커피를 사다 드릴까요?

위의 [예 5-3]에서 B와 C 모두에게 해결 또는 개입해야 하는 문제는 'A에게 커피를 사다 주는 것'으로 동일하다. 이 두 사람 중 문제를 더 만족스럽게 해결할 수 있는 사람은 누구인가? 당연히 C이다. 왜냐하면 A가 원하는 커피의 종류를 물었기(따라서 A가 '아무거나'라고 답하지만 않는다면 A가 원하는 커피가 무엇인지 알 것이기) 때문이다.

여기서 한 가지 생각해 볼 것이 있다. 왜 C는 A에게 커피의 종류를 물었고, B는 묻지 않았을까? C가 그렇게 할 수 있었던 이유[5)]는 해결해야 할 문제를 명확하게 이해하기 원하기 때문이다. 그렇기 때문에 C는 문제 해결을 위해 필요하지만 현재 자신에게는 없는 지식이 무엇인지 분명하게 이해할 수 있었고, 그러한 이해를 바탕으로 '원하는 커피 종류'라는 구체적인 지식을 얻는 데 필요한 명확한 질문을 A에게 던졌다. 즉, C에게는 '내가 왜 A가 원하는 커피 종류를 알아야 하는가?'라는 질문에 대한 분명한 답이 있었던 것이다.

반면에 B는 어떤가? B는 아예 스스로에게 그런 질문 자체를 하지 않은 채 커피를 사러 갔다. 아마도 결과는 뒤늦게라도 다시 돌아와서 A에게 어떤 커피를 원하는지 묻거나 그냥 아무 커피나 사다 주거나 둘 중에 하나일 것이다. 그런데 만일 우리가 이

5) 물론 설명을 위해 저자가 차이를 만들어 내는 것이기는 하지만.

야기하고 있는 것이 커피가 아니라 연구였다면 B는 과연 어떤 연구를 할까? 판단은 독자들에게 맡기겠다.

필요한 지식의 내용, 즉 '무엇'을 알기 위해서는 '왜'를 먼저 명확히 해야 하며, 그렇게 하려면 연구자는 적어도 앞에 제시한 12가지 질문에 대한 답을 찾아야 한다. 그렇게 하기 위해서 연구자는 당연히 다양한 자료와 정보를 수집하고 활용해야 한다. 다음 장에서 보다 자세하게 논의하겠지만 연구를 함에 있어서 연구자는 여러 번에 걸쳐서 서로 다른 목적을 가진 문헌고찰을 한다.[6) [그림 4-1]의 문제인식과 서론 사이에 위치한 문헌고찰 I은 연구자가 문제에 대한 명확한 이해를 목적으로 연구 과정 가운데 가장 먼저 하는 문헌고찰이다. 문헌고찰I의 직접적인 목적은 앞에 제시된 질문들에 대한 답을 찾는 데 필요한 자료를 얻는 것이지만, 궁극적으로 연구자는 자신이 얻은 자료와 정보를 바탕으로 '왜 무엇을 알아야 하는가?'라는 질문에 대한 답을 찾아야 한다.

저자는 경험에 근거하여 앞에 제시된 12가지 질문 가운데 1~5번의 질문은 주로 문제를 파악하는 데 도움이 되는 질문이고, 6~10번의 질문은 '왜'라는 질문에 대한 답을 찾는 데 도움이 되는 질문이고, 11~12번의 질문은 '무엇' 질문에 대한 답을 찾는 데 상대적으로 더 유용한 질문이라고 분류한다. 이러한 대략적인 분류를 기준으로 연구자는 문헌고찰 I에서 어떤 질문에 어느 정도 비중을 두고 필요한 자료와 정보를 찾을지를 대략적으로 가늠해볼 수 있을 것이다.

물론 문헌고찰 I을 통해 '왜 무엇을 알아야 하는가?'를 알아가는 과정은 단계적 내지 분절적으로 이루어지기보다는 동시다발적으로 이루어진다. 문헌고찰 I에서 연구자가 가장 필요로 하는 능력은 자료를 찾는 능력, 상황을 올바르게 판단하는 능력, 그리고 추상적이고 모호한 것들을 구체화하는 데 필요한 논리적 사고 능력이다. 인식론적 입장으로 말하자면 이 과정에서는 제1장에서 소개한 세 가지 인식론적 입장 중 합리주의 인식론에 입각한 사고 및 지식 생산 방법이 다른 두 인식론적 입장 보다 상대적으로 더 중요하다고 할 수 있다.[7)]

6) 문헌고찰에 관한 자세한 논의는 제7장에서 하겠다.

7) 이러한 맥락에서 저자는 사회복지학 교육과정에 학생들의 논리성과 사고력 증진을 일차적인 목적으로 하는 과목들이 보강되어야 한다고 생각한다. 예를 들면, 다양한 인식론적 입장과 그러한 인식론적 입장에 입각한 연구방법을 가르치는 과목, 단순한 숫자에 불과한 자료로부터 의미를 가진 정보를 도출해 내는 방법을 가르치는 과

그 이유는 다음과 같다. 제1장에서 언급한 바와 같이 연구는 '?'를 갖는 것에서부터 시작된다. 바로 그 어리둥절하고 모호하고 불확실한 '?'를[8] 구체적으로 표현 내지 정의 내리는 것, 그리고 '?'를 '!'로 바꿔야 하는 이유를 명확히 제시하는 것이 바로 '왜 무엇을 알아야 하는가?'라는 질문에 대한 답을 제시하는 것이다. 그렇게 하기 위해 연구자는 복잡하고, 추상적이고, 아무런 관련성을 찾을 수 없을 것만 같은 어떤 것들로부터 구체적인 어떤 것을 끌어내야 한다. 이 과정은 직관과 이성적·연역적 사고를 가장 많이 필요로 하는 과정이다.

문제인식과 문헌고찰 I을 통해서 '왜 무엇을'에 관한 답을 찾은 연구자는 이제 [그림 4-1]의 '서론'에 해당하는 글을 쓸 수 있다. 서론은 연구자가 '왜 무엇을'이라는 질문과 관련해서 자신이 고민하고 결론 내린 것들을 정리한 글이다. 서론의 내용은 명료하고 타당해야 한다. 명료하다는 것은 서론을 읽은 독자들이 연구자가 '왜 무엇을 알아야 하는가?'에 대해 어떤 답을 가지고 있는지를 이해할 수 있다는 것을 말한다. 즉, 연구의 필요성, 목적, 내용을 이해할 수 있다는 것이다. 서론의 내용이 타당하다는 것은 서론 내용 중 다음의 세 가지 것이

- 연구자가 인식한 문제
- 얻고자 하는 지식의 내용
- 얻고자 하는 지식이 필요한 이유: 목적

맞아떨어져야 한다는 것을 의미한다. 일반적으로 사람들은 서론을 읽을 때 다음과 같이 생각한다.

> 얻고자 하는 지식을 얻어야만 문제를 해결할 수 있다고 판단되면 연구의 필요성이 분명하다.

> 얻고자 하는 지식의 내용이 기존 지식 체계 내에 없는 지식이라고 판단되면 연구의 독창성이 높다.

목, 논리적이고 비판적으로 사고하는 방법을 가르치는 과목 등이다. 사회복지학이 실천학문이기 때문에 이러한 과목들의 중요성은 사회복지학개론이나 인간행동과 사회환경 같은 기초과목의 중요성 못지 않는다는 사실을 인식해야 할 것이다.

8) 사람들에게 '?' 기호를 보여 주고 머릿속에 떠오르는 것들을 말해 보라고 하면 사람들이 말하는 '?'와 관련된 개념구성체(conceptions) 중에는 예외 없이 '어리둥절하고 어쩔 줄 모르는 상황' '모호하고 불확실한 마음'이 포함되어 있다. 즉, '?'의 속성이 바로 그런 것이라는 말이다.

연구자가 문제인식 과정을 성공적으로 마쳤다면 인식된 문제, 필요한 지식의 내용, 그리고 연구 목적은 상당히 부합할 것이며, 연구를 통해 얻고자 하는 지식은 기존의 연구들을 통해서 얻기 어려운 지식일 가능성이 높다.[9] 따라서 '왜 무엇을 알고자 하는가?'라는 질문에 대한 구체적이고 타당한 답을 찾았다면 연구자는 자신이 하려는 연구가 '필요한 그리고 독창성 높은 연구'라는 것을 설득력 있게 주장할 수 있을 것이다.

'왜 무엇을 알고자 하는가?'를 안다는 것은 생각보다 쉬운 일이 아니다. 실제로 경험이 많지 않은 연구자들이 연구의 목적과 내용을 구분하지 못하는 경우가 종종 있다. 앞서 여러 차례 언급했듯이 '무엇'은 얻고자 하는 지식의 내용, 즉 x이고 '왜'는 그 지식이 필요한 이유, 즉 'x를 알아야 하는 이유'이다. 우리는 많은 논문에서 '이 연구의 목적은 ～을 알아보는 것이다'라는 표현을 보곤 한다. 이 표현은 '～라는 지식을 얻는 것이 이 연구의 목적이다'라는 말이다. '목적'과 '내용'이 구분되지 않은 것이다.

물론 어떤 독자는 '연구목적은 연구를 해야 하는 가장 직접적인 이유이므로 특정 지식을 얻은 것은 연구의 목적이 아닌가?'라는 질문을 던질지도 모른다. 물론 이 말이 틀린 말은 아니다. 그러나 우리가 말하는 목적은 '연구를 해야 하는 궁극적인 이유'이고, 그 목적은 '그 지식을 가지고 무엇을 하기 위해서'에 관한 것이어야 한다. 즉, 연구의 목적은 인식된 문제, 연구의 함의, 그리고 실천학문인 사회복지학에 관한 것이다. '왜'라는 질문에 대한 답을 찾는다는 것이 머리로는 이해되지만 '왜'에 대한 답을 어떻게 찾아야 할지 막막하다고 느끼는 연구자들에게 저자는 앞서 제시했던 12가지의 질문 가운데 6～12번의 질문과 특히 그중에서도 10번의 질문에 대한 답을 꼭 찾아볼 것을 권하고자 한다.

저자는 사회복지학 연구자를 두 부류로 구분한다. 한 부류는 연구를 하는 척하는 연구자이고, 다른 한 부류는 연구를 실제로 하는 연구자이다. 두 번째 부류에 해당하는 연구자들은 자신의 역할이 사회복지학과 사회복지실천에 도움이 되는 지식을 생산해 내는 것임을 잘 알고 있다. 따라서 두 번째 부류에 속한 연구자들 중 연구를 함

9) 사실 서론의 내용이 명료하지 않으면 내용이 타당한지를 평가하는 것은 거의 불가능하다. 따라서 서론의 내용은 반드시 명료해야 한다. 서론의 내용이 타당하지 못할 때 서론이 분명하기를 기대하는 것도 어렵기는 하지만 내용이 타당하지 않더라도 표현 자체는 명료하게 할 수 있다. 이와 관련해서는 이 책의 제3부에서 다루게 될 글쓰기 부분에서 보다 자세하게 논의하기로 하겠다.

에 있어서 '왜 무엇을 알고자 하는가?'에 대해 전혀 생각하지 않는 연구자는 없다. 즉, '왜 무엇을'이라는 질문의 중요성을 인식하고 있다는 것이다.

첫 번째 부류에 속하는 연구자들은 어떤 사람들인가? 먼저 이것부터 말해야 할 것 같다. 어떤 연구자들은 '왜 무엇' 질문에 대한 답을 찾는 방법을 교육이나 경험을 통해서 배울 수 있었지만, 어떤 연구자들은 그러한 기회를 가져 본 적이 없다. 첫 번째 부류에 속하는 연구자들은 바로 그런 기회를 갖지 못한 연구자들이다. 즉, 노력하지 않는 연구자가 아니라 노력을 어떻게 해야 하는지 모르는 연구자들이다. 이들이 '왜'와 '무엇'이 구체화되지 않은 상태에서 연구를 하는 이유는 '기회 결핍' 때문이다.

한 가지 분명한 것은 이들에게도 '무엇'과 '왜'에 대한 생각은 분명히 존재한다는 것이다. 다만 정리되지 않은 생각에서 불필요한 부분을 제거해 냄으로써 연구자의 머릿속에 이미 존재하고 있던 답이 스스로 그 모습을 드러낼 수 있게 도와줄 멘토(mentor)가 이제까지 없었거나 현재도 없을 뿐이다. 그러한 멘토의 역할은 역할 수행에 필요한 지식과 경험을 가진 사회복지학 연구자라면 누구든지 기꺼이 맡아야만 하는 중요한 역할이다.

따라서 혹시라도 자신이 다음에 누군가의 논문을 지도해야 하거나, 누군가의 연구에 대해서 도움이나 의견을 제시해 줘야 하거나, 경험이 부족한 연구자에게 조언을 줄 수 있는 상황에 처하게 된다면 자신이 바로 그 멘토의 역할을 맡은 사람이라는 사실을 인식하고 자신이 맡은 역할에 조금만 더 충실하고자 노력하기로 하자.

사회복지학 연구자로서 우리 모두는 그러한 노력을 통해 사회복지학의 발전에 기여해야 할 의무가 있기 때문이다. 그리고 그렇게 해야 하는 더 중요한 이유는 그러한 노력을 행할 때 멘토는 자신의 멘티(mentee)가 그리고 멘티는 자신의 멘토가 첫 번째 부류에 속하는 사회복지학 연구자인지 아니면 두 번째 부류에 속하는 사회복지학 연구자인지를 구분할 수 있고, 그래야만 멘토와 멘티 모두 엄청난 기회비용을 치르는 실수를 반복하지 않을 수 있기 때문이다.

6

알고자 하는 것에 대한 정확한 이해 I

"도대체 저는 왜 아직도 '왜 무엇을 알고자 하는가?'라는 질문의 의미가 잘 이해되지 않을까요?"

"당연히 그럴 것입니다. 자! 그럼 같이 다시 한 번 생각해 보기로 하지요. 교육이라는 것이 바로 그런 것이니까요."

연구방법론을 강의하거나 논문을 지도할 때 저자는 반드시 학생들에게 저자가 '왜 무엇을 알고자 하는가?'라는 질문의 의미를 학생들에게 이해시키기 위해서 사용한 여러 가지 방법 중에서 어떤 방법이 가장 효과적이었는지 물어보는 기회를 갖는다. 거의 매번 '가장 효과적인 방법'이라는 영예는 문제나무 분석법(problem tree analysis)에게 돌아간다. 이 장에서는 제5장의 논의에도 불구하고 '왜 무엇을 알고자 하는가?'라는 질문이 의미하는 바를 명확하게 이해했지 못한 것 같다는 생각이 드는 독자들을 위해 문제나무 분석 접근을 통해 다시 한 번 (그리고 마지막으로) 이 질문의 의미를 설명해 보기로 하겠다.

문제나무는 말 그대로 어떤 문제를 ① 문제, ② 문제가 발생하는 원인, 그리고 ③ 문제를 그대로 방치할 경우에 벌어질 것이라고 예상되는 결과의 세 부분으로 나누어 생각한 내용을 한 그루의 나무로 표현하는 문제 이해 기법이다.

문제나무는 원래 어떤 정책이나 프로그램을 기획 또는 분석하는 과정에서 해당 정책 또는 프로그램(이하 개입)을 통해 영향을 미치고자 하는 문제를 원인-문제-결과

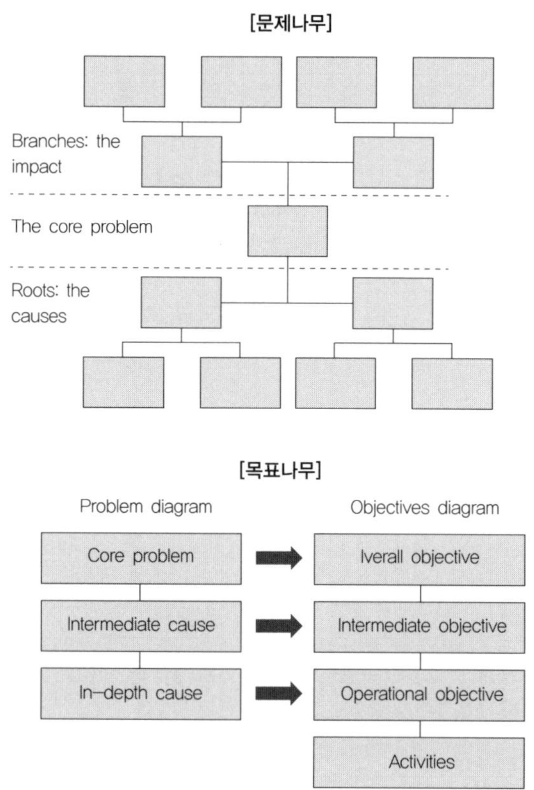

[그림 6-1] 문제나무와 목표나무: 각각의 기본 구조와 둘 간의 관계

출처: http://ec.europa.eu/europeaid

로 구성된 하나의 맥락으로 이해하기 위해 고안된 접근방법이다. 정책 또는 프로그램을 기획할 때 문제나무는 목표나무와 한 짝을 이루어 사용되는데, 목표나무란 문제나무를 통해 이해한 원인-문제-결과를 정책 또는 프로그램의 행동-목표-성과로 전환해 놓은 것이다. 나중에 다시 언급하겠지만 문제나무와 목표나무는 앞서 제4장에서 소개한 [그림 4-1]의 연구의 단계와 관련이 있는데, 좀 더 구체적으로 말하자면 문제나무는 연구의 단계 중 첫 두 단계인 문제인식과 문헌고찰 I 부분에 해당하고, 목표나무는 결론 및 함의에 해당하는 사고 과정이라고 볼 수 있다. 이 장에서 우리가 하고자 하는 바는 '왜 그리고 무엇을 알고자 하는가?'라는 질문의 의미를 이해하는 것이며, 따라서 이 장에서는 이 두 가지 접근방법 중 문제나무에만 논의의 초점을 맞추기로 하겠다.

어떤 저개발국에서 공적개발원조 사업을 펼치고 있는 한 사회복지 전문가 A가 자신이 활동하고 있는 지역사회에 관한 다음과 같은 통계를 알게 되었다고 가정해 보자.

중학생의 학업 중도포기율이 45%에 이른다. [6-1]

이제 자신이 바로 A라고 생각하고 이 문제 혹은 현상에 대한 이해의 폭과 깊이를 조금 더 키워 보자.

> 중도포기율이 45%라는 것이 문제인가? 10명 중 4명이 학업을 포기한다는 것인데, 당연히 문제이다. 사실 학령기 학생이 학교에 다니지 않는다는 것은 그런 학생의 비율이 높은지 낮은지를 떠나서 그 자체가 문제이다. 더구나 어떤 절대적인 기준이 있는 것은 아니지만, 그런 학생이 전체의 45%라는 것은 어떤 시각에서 보더라도 심각한 문제가 아닐 수 없다.

이런 생각을 하다가 A는 다음과 같은 생각을 하게 된다.

> 중학생의 학업 중도포기율(이하 중도포기율)이 40%라는 것은 알겠는데, 초등학생이나 고등학생의 중도포기율은 어떤가? 초등학생의 중도포기율도 이와 유사한 수준인가? 아니면 더 낮은가? 만일 더 낮다면 문제는 중학생이 아니라 초등학생의 중도포기율이 아닌가? 경우의 수는 두 가지인 것 같다. 1) 초등학생의 중도포기율이 중학생의 중도포기율보다 높거나 같을 수 있고, 2) 초등학생의 중도포기율이 중학생의 중도포기율보다 낮을 수 있다. 어느 경우인가? 또 고등학생의 중도포기율은 중학생의 중도포기율과 비교해 볼 때 어떤가?

이러한 질문에 답하지 않고는 [6-1]을 '문제'라고 규정하기 어렵다는 생각에 A는 초중고등학생의 중도포기율 통계를 찾아본다. 필요한 통계 중에서 고등학생의 중도포기율 통계가 없다는 사실을 발견한다. 또 한 가지 '문제'로 규정할 수 있는 현상을 발견한 것이다. 이 문제 또는 현상 역시 관심 있는 연구자에게는 또 다른 훌륭한 연구주제가 될 수 있지만 A는 일단 '고등학교 교육 관련 통계 부재'라는 문제 또는 현상은 잠시 접어 두고 초등학생의 중도포기율과 중학생의 그것을 비교해 본다. 그 결과, 초등학생의 중도포기율은 1~5학년까지는 평균 2% 수준이고 6학년은 5%라는 것을 알게 되었고, 따라서 [6-2]는 중학생들에게서만 나타나는 문제 또는 현상이라는 것을 알게 되었다. 이러한 노력을 통해 A는 [6-2]를 일단 해결해야 할, 즉 개입이 필요한 문제라고 규정한다. 그리고 [6-2]를 이해하는 데 도움이 될 만한 문헌들을 찾아보기 시작하면서 [그림 6-2]와 같은 문제나무를 그려 본다.

[6-2]의 원인 중 하나로 빈곤을 생각해 볼 수 있다. 즉, 가정형편이 자녀를 중학교에 보낼 수 있을 만큼 넉넉하지 않다면 부모가 자녀 교육을 포기할 가능성이 높다. 이 국가는 사회주의 국가이고, 고등학교 교육까지 무상교육을 실시하고 있다. 따라서 학비가 문제의 원인이라고 보기는 어렵다. 그러나 자녀를 중학교에 보내기 위해서는 학비말고도 적지 않은 돈이 필요하고, 빈곤한 가정에게는 (특히 이 국가 인구의 90% 이상이 절대빈곤 상태에 있는 저개발국임을 고려할 때) 그러한 지출이 가계에 엄청난 부담이 될 수 있다. 따라서 A는 빈곤을 [6-2]의 원인 중 하나로 보기로 하고

빈곤가정 → 교육비 감당 불능 → [6-2] [6-3]

로 연결되는 관계선을 만든다.

한 가지 주목해야 할 것은 이 관계선에서 빈곤은 1차 원인이고, 교육비부담능력이 없음은 1차 원인에 의해 발생한 2차 원인이라는 점이다. 1차 원인과 [6-2] 사이에 2차 원인이 존재한다는 것은 빈곤 그 자체를 [6-2]의 원인으로 간주하기보다는 빈곤이 '교육비부담능력 없음'을 거쳐서 [6-2]를 유발한다고 보는 것이 더 타당하다는 것을 의미한다. 즉, 연구자는 이 관계선에서 2차 원인을 일종의 매개변수로 봐야 한다는 것이다.

이는 단순한 논리의 문제가 아니라 실질적 중요성을 갖는 문제이다. 예를 들어, 연구를 통해서 A가 문제나무에 빈곤 → 교육비부담능력 없음 → 높은 중도포기율로 표현한 논리적 연결선이 실제 인과관계로 밝혀졌다고 가정해 보자. 어떤 개입을 할지는 2차 원인이 있는지 없는지에 따라서 달라진다. 1차 원인과 [6-2] 사이에 2차 원인

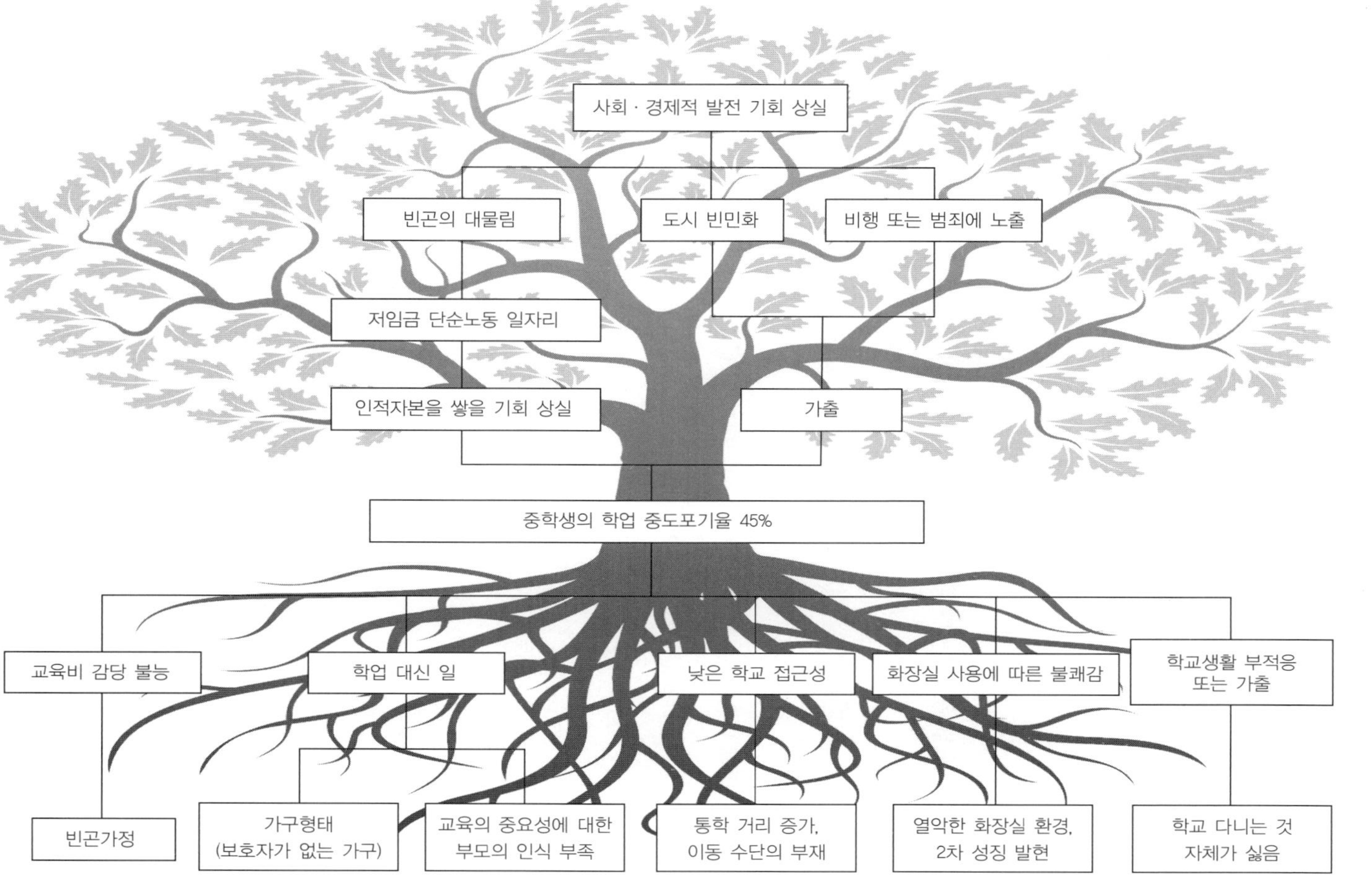

[그림 6-2] 문제나무: '중학생의 높은 학업 중도포기율'의 원인과 결과

이 있다는 것을 모른다면 개입의 목표는 교육비 바우처 제공을 통한 교육비 부담 경감이 아니라 그보다 훨씬 달성하기 어려운 빈곤 감소가 될 것이다. 어떤 개입이 더 비용-효과적일지는 독자들의 판단에 맡기기로 하겠다.

중요한 것은 원인과 문제를 연결하는 논리적 연결선이 정책이나 프로그램을 기획할 때뿐만 아니라 연구를 기획할 때에도 구체적일수록, 자세할수록(그리고 당연히 논리적일수록) 좋다는 사실이다. '가구 지출에서 교육비 부담이 차지하는 비중이 높은 가정일수록 자녀의 학업 중도탈락 가능성이 높은가?'라는 연구질문에 대한 답을 찾는 과정과 '빈곤 정도가 심한 가정일수록 자녀의 학업 중도포기율이 높은가?'라는 연구질문에 대한 답을 찾는 과정은 연구방법에 있어서 상당한 차이가 있는 과정이라는 것을 이해할 수 있다면(이 책은 그 정도의 차이를 이해할 수 있는 독자들을 위한 책이다) 앞의 예에서 2차 원인이 있는 것과 없는 것이 왜 중요한지 역시 이해할 수 있으리라 생각한다.

[6-2]에 대해서 고민을 거듭하던 A는 '만일 어떤 중학생이 한부모가정의 자녀이거나, 조손가정의 자녀이거나, 성인이 없이 아동들로만 이루어진 가정의 아동이라면?'이라는 생각과 함께 가구형태가 원인일 수 있다는 생각을 하게 된다. 초등학교 교육을 마쳤으니 교육은 충분히 받았고, 이제 나이도 13~14세가 되었으니 한 부모, 할아버지 또는 할머니를 도와서 생계에 보탬이 되는 '일'을 하면서 동생들을 뒷바라지 하라는 요구는 사실 해외 원조에 의존하여 살아갈 수밖에 없었던 1950년대와 1960년대의(그리고 심지어는 1970년대 초반까지도) 우리나라의 큰형, 큰누나, 큰언니들이 받았던 요구와 그리 다르지 않다. 사회·경제적 수준이 1950~1960년대의 우리나라와 거의 유사한 저개발국의 가구형태는 충분히 [6-2]의 원인이 될 수 있다고 판단한 A는

가구형태(보호자가 없는 가구) → 학업 대신 일 → [6-2] [6-4]

로 이어지는 또 하나의 관계선을 그린다.

집과 중학교 간의 거리 역시 중도포기율에 영향을 미치는 중요한 원인 요소가 될 수 있다. 초등학교는 마을마다 있지만 중학교는 몇 개 마을 단위로 하나씩 밖에 없다. 고등학교는 더더욱 그러하다. 따라서 집에서 초등학교까지는 걸어서 다닐 수 있는

거리였지만 중학교에 진학하자 통학 거리가 갑자기 늘어났고, 변변한 대중교통수단이 없는 상황에서 매일 수 km 혹은 수십 km의 거리를 오가는 것은 체력적으로 너무도 힘든(특히 우기에는) 일이기 때문에 자연스럽게 학업 포기라는 선택을 하게 될 가능성을 배제할 수 없다. A는 이러한 논리적 추론에 근거하여

통학 거리 증가 & 이동 수단 부재 → 낮은 학교 접근성 → [6-2] [6-5]

라는 논리적 연결선을 문제나무에 추가한다.

또한 A는 열악한 화장실 환경이 또 하나의 (그리고 어쩌면 가장 중요한) 원인일 수 있다는 가능성을 학교 선생님, 중도탈락 학생의 부모, 학생을 대상으로 한 인터뷰 형식의 질적 연구를 통해 알게 된다. 저개발국의 거의 모든 편의시설은 그 수준이 개발국의 국민들로서는 생각하기 힘든 수준에 머물러 있다고 해도 과언이 아니다. 대표적인 예로 꼽히는 것이 상하수도 시설과 화장실이다. 대부분의 학교에 화장실 건물이 일반적으로 한두 개밖에 없는데, 놀랍게도 남녀 공용이고, 수세식 시설을 찾아보기 어렵다. 2차 성징이 나타나기 시작하는 중학생 나이의 학생들에게는 이러한 열악한 화장실 환경이 초등학생일 때는 경험하지 못했던 불편함을 유발하는 시설로 다가온다.

특히 여학생들에게는 남학생들과 같은 화장실을 사용해야 한다는 것이 불편함을 넘어서서 수치심을 느끼게 만드는 고통스러운 일이 된다는 사실을 개발국에서 나고 자랐기 때문에 화장실이라고 하면 당연히 남녀를 위한 시설이 분리되어 있고, 비데가 갖춰져 있는 시설을 머릿속에 떠올리는 *A*로서는 생각하지 못했을 수 있다. 교사와 부모와 학생을 대상으로 한 짧은 질적 연구를 통해서 *A*는 다음과 같은

열악한 화장실 환경 & 2차 성징 발현 → 화장실 사용에 따른 불쾌감 → [6-2] [6-6]

관계선을 문제나무에 추가할 수 있는 통찰력을 갖게 된 것이다.

마지막으로, *A*는 질적 연구를 통해서 열악한 화장실 환경뿐만 교육의 중요성에 대한 부모의 인식 부족이 학업 중도포기의 또 다른 원인일 수 있는 가능성을 알게 되었

다. 아울러 어떤 청소년들은 부모에게는 학교에 간다고 하고 집을 나가서는 학교가 아닌 다른 곳에서 하루 종일 시간을 보내고 다시 집으로 가기도 하고, 일부는 아예 집을 나가 현재 행방을 알 수 없는 상태라는 것도 교사와 부모를 통해 알게 되었다. 따라서 A는 다음과 같은 두 개의 관계선을 문제나무에 추가하였다.

교육의 중요성에 대한 부모의 인식 부족 → 학업 대신 일 → [6-2] [6-7]

학교 다니는 것 자체가 싫음 → 학교생활 부적응 또는 가출 → [6-2] [6-8]

교육의 중요성에 대한 인식 부족은 관계선 [6-4]와 마찬가지로 '학업 대신 일'로 연결되고, 궁극적으로는 [6-2]의 원인이 된다. 문제나무에서는 하나의 상위원인이 반드시 하나의 하위 원인과만 연결되어야 한다거나 정반대로 하나의 하위 원인이 반드시 하나의 상위 원인에 대한 하위 원인이어야 하는 것은 아니다. 즉, 하나의 상위 원인이 2개 이상의 하위 원인에 의해서 야기되거나 이와 정반대로 하나의 하위 원인이 여러 개의 상위 원인을 야기하는 구조도 얼마든지 나타날 수 있다.

또한 상위 원인과 하위 원인 중에서 반드시 상위(하위) 원인을 먼저 생각하고 그 다음에 하위(상위) 원인을 찾아야 한다는 식의 어떤 순서가 정해져 있는 것도 아니다. 어떤 경우에는 여러 가지 원인을 나열하고 그들 간의 관계를 생각하는 과정에서 자연스럽게 몇 개의 원인들이 어떤 상위 원인의 하위 원인 집합을 이룬다는 것을 알게 될 수도 있고, 어떤 경우에는 어떤 원인을 상위 원인이라고 전혀 생각조차 하지 않고 있다가 그 원인이 여러 가지 원인에 의해 발생된다는 사실을 알게 되어 해당 원인이 상위 원인이라는 것을 깨닫게 되기도 한다.

다시 강조하건대 문제나무 분석은 특정 문제에 대해서 논리적, 비판적, 체계적으로 '사고'하는 과정이지 숨어 있는 어떤 '정답'을 찾는 과정이 아니다. 그렇기 때문에 문제나무 분석에서는 연구자가 처음에 문제라고 정의했던 것이 사실은 진짜 문제가 아니라는 것을 깨닫게 되어 맨 처음으로 돌아가서 문제부터 다시 정의하는 상황이 종종 벌어지기도 한다. 따라서 문제나무를 그리다가 이런 상황에 처하게 되더라도 전혀 걱정할 필요가 없다는 것을 미리 말해 두고자 한다.

문제나무의 뿌리가 문제의 원인이라면, 문제나무의 가지는 문제의 결과이다. 중학생들에게서 나타나는 높은 학업 중도포기율을 그대로 방치할 경우, 학교에 있어야 할 학생들은 학교를 떠나 돈을 벌기 위해 사회로 나갈 것이다. 학교를 떠난 학생들은 인적자본을 쌓을 수 있는 기회를 상실하게 된다. 그 결과, 당장은 돈을 벌 수 있을지 모르지만 장기적으로 볼 때 중학교 교육조차 마치지 못한 학생들은 저임금 단순노동 일자리에서 벗어날 가능성이 낮기 때문에 시간이 지날수록 빈곤의 대물림을 경험하게 될 가능성이 높아진다.

또한 학교를 떠난 학생들 모두가 일을 할 수 있는 기회를 갖지 못할 수도 있다. 그들 중 일부는 쉽게 큰돈을 벌려는 욕심에 올바르지 않은 선택을 하게 되어 비행이나 범죄에 빠져들게 될지도 모른다. 전체 사회 차원에서 보자면 이러한 모든 바람직하지 않은 결과는 인적자원의 낭비를 의미하는 것이며, 그렇지 않아도 더딘 저개발국의 사회·경제적 발전을 더욱 더디게 만드는 요인으로 작용하게 될 것이다. [그림 6-2]의 문제나무를 보면 이러한 모든 사고가 문제나무의 가지로 표현되어 있는 것을 볼 수 있다.

그럼 이제 [그림 6-2]와 같은 문제나무를 그리는 것이 '왜 그리고 무엇을 연구하고자 하는가?'라는 질문의 의미를 이해하는 데 어떻게 도움이 되는지 생각해 보자. 저자에게 있어서 [그림 6-2]의 문제나무는 한마디로 표현하면 엄청난 양의 연구주제, 연구질문, 연구가설이 묻혀 있는 광산과 다를 바 없다. 연구자는 이제 이 광산에서 자신이 원하는 보석을 찾아내기만 하면 된다. 이 광산에 도대체 어떤 보석이 묻혀 있다는 것인지 궁금해 할 독자들을 위해서 몇 가지 힌트를 주자면 다음과 같다.

첫째, [그림 6-2]의 문제나무(이하 문제나무)는 연구자에게 연구 맥락을 제공해 준다. 누군가가 연구자에게 '이 연구를 왜 하는가?'라는 질문을 한다면 연구자는 최소한 '왜냐하면~'으로 시작하는 답을 할 수 있는 맥락, 즉 이야깃거리를 가질 수 있다는 것이다. 이 말이 무엇을 의미하는지를 이해하는 것은 이제 아주 쉽다. 문제나무를 머릿속에서 잠시 지워 버린 상태에서 '이 연구를 왜 하는가?'라는 질문에 답해 보라. 무슨 말을 할 수 있나? 이번에는 문제나무를 보면서 다시 동일한 질문에 답해 보라. 이야기할 거리가 눈앞에 펼쳐진다. 연구맥락이란 바로 이런 것이다.

둘째, 문제나무에 그려져 있는 모든 관계선이 바로 연구질문, 연구가설이라는 보석이다. [6-3]~[6-8] 중 어떤 것이든 하나를 선택해서 그 관계선을 의문문으로 표현해 보라. 그러면 자신의 눈앞에 연구질문이 놓여 있는 것을 발견하게 될 것이다. [6-3]~[6-8]의 6개의 관계선 중 어떤 것은 우리가 이미 알고 있는 지식 또는 이론으로부터 연역적으로 도출한 (인과)관계이고, 어떤 것은 사전 연구를 통해서 귀납적으로 얻은 (인과)관계이다. 이 6개의 관계 중 확인된(다시 말해서 실제로 존재하는 관계인지) 관계는 어떤 것이고 아직 확인되지 않은 관계는 어떤 것인가?

이 관계들은 [그림 4-1]에 나와 있는 '문제인식'과 '문헌고찰 I'(또는 사전 연구)을 통해서 연구자가 설정해 놓은 관계이다. 따라서 어떤 관계가 확인된 관계이고 어떤 관계가 확인되지 않은 관계인지는 연구자만이 답할 수(물론 문제나무를 실제로 그려 봤다면) 있다. 만일 이 관계들 중에 아직 확인되지 않은 관계가 있다면 그 관계가 실제로 존재하는 관계인지 확인하라. 그것이 바로 연구질문에 대한 답을 찾는 행위이고, 연구가설을 검증하는 행위이고, 물음표를 느낌표로 바꾸는 행위이다.

셋째, 연구질문이나 연구가설은 뿌리와 몸통 사이뿐만 아니라 몸통과 가지 사이에도 많이 존재한다. 중학생의 중도포기율이 45%에 이른다는 문제가 어떤 원인에 의해서 발생하는지를 알고자 하는 연구자는 뿌리와 몸통 사이의 광산에서 보석을 찾을 것이고, 그 문제가 어떤 결과를 낳는지에 관심이 있는 연구자는 몸통과 가지 사이의 광산을 찾아 헤매면 된다. 이쯤이면 독자들 중 한두 명은 '혹시 뿌리와 몸통과 가지를 잇는 연구는 할 수 없나요?'라는 질문을 던질지도 모른다. 왜 안 되겠는가? 연구자가 원하기 나름이다.

넷째, 문제나무를 도서관과 인터넷과 책상 사이를 오가면서 그릴 수 있다고 생각하지 말기 바란다. 물론 그릴 수는 있다. 그러나 열악한 화장실 환경이 해당 지역사회의 중학생 중 45%를(그리고 그들 중 절대다수는 여학생인) 학교에 나올 수 없게 만드는 원인이라는 사실을 밝힐 수 있는 문제나무는 절대로 그릴 수 없을 것이다. 중학생의 학업 중도포기율은 실제로 공적개발원조 자금을 끌어다가 중학교 내에 남성용 화장실 공간과 여성용 화장실 공간을 분리하고, 화장실 문을 달고, 화장실 시설을 수세식으로 바꾸기 시작하자 놀랍게도 낮아지기 시작했다. 그리고 부모들을 찾아가 앞으로의 자녀의 삶에 중고등학교 교육이 왜 중요한지 이해시키는 부모 대상 교육 프로그램을 병행하자 더욱 낮아졌다.

A가 문제나무에 [6-6]의 관계선을 그려 넣고 그 관계를 확인하는 연구를 진행할 수 있었던 것은 책상을 마주하고 앉아서 합리주의 인식론이 말하는 대로 이성적 추론에 추론을 거듭했기 때문이 아니라 교사와 부모와 학생을 찾아가 그들의 삶을 조금이나마 엿볼 수 있는 질적 연구를 했기 때문에 가능했던 것이다. [6-6]은 그 과정이 있었기에 문제나무에 포함될 수 있었고, A는 사회복지실천 지식(왜냐하면 현실을 변화시킬 수 있는 지식이기에)의 범위와 깊이를 한 단위 더 넓히고 깊게 할 수 있었던 것이다.

자신이 연구하려는 주제 속으로 직접 뛰어 들어가 보는 것보다 더 좋은 방법은 없다. 그리고 주제와 대상 속으로 뛰어 들어가 보는 데에는 양적 연구방법이 질적 연구방법에게 자리를 양보(잠시가 될지, 오랫동안이 될지는 해 보기 전에는 모르지만) 해야만 한다.

최근 들어 연구방법론에 관한 많은 문헌이 양적 연구방법과 질적 연구방법을 합한 혼합 연구방법의 중요성을 언급하기 시작했다.[1] 양적 연구방법과 질적 연구방법은 본질적으로는 상호배타적인 것이지만 두 방법 모두를 적절히 사용할 줄 아는 연구자의 손에서 두 연구방법은 얼마든지 상호보완적인 도구로 길들여질 수 있다. 균형 잡힌 연구자가 되는 것이 편향된 연구자가 되는 것보다 당연히 낫고, 연구자라면 누구나 더 좋은 연구를 하는 것을 더 나쁜 연구를 하는 것보다 선호할 것이다. 이 두 가지 연구방법 모두를 배우고 익혀야 하는 이유는 바로 이 때문이다.

연구질문·가설을 형성하기 위해 하는 문제나무 분석은 정책·프로그램을 기획 또는 평가하기 위한 문제나무 분석과 한 가지 분명한 차이가 있다. 연구질문·가설을 위한 문제나무에는 확인되지 않은 관계선이 있을 수 있으나 정책·프로그램 기획을 위한 문제나무에는 확인된 인과관계만 그릴 수 있다. 확인되지 않은 관계선은 사실(fact)이 아니라 가정, 추측, 타당성이 검증되지 않은 주장이고, 연구는 그러한 (인과)관계에 관한 가정, 추측, 주장이 사실인지 여부를 확인하는 과정이다.

그렇기 때문에 역설적이기는 하지만 모든 관계가 확인된 문제나무는 연구에는 그다지 도움이 되지 않는다. 그런 문제나무를 가지고 연구질문이나 가설을 찾아야 한다면 연구자가 할 수 있는 것은 아마도 특정 관계를 확인하기 위해 실시된 선행연구

1) 대표적인 문헌으로 Creswell, J. (2014)를 꼽을 수 있다. 혼합 연구방법에 관심 있는 사람은 이 책을 꼭 읽어 보기 바란다.

들 중에 방법론적 오류를 가진 연구는 없는지에 초점을 맞추는 것뿐일 것이다. 즉, 연구질문·가설 형성을 위한 문제나무는 완성 이전의 문제나무인 셈이다.

이와 달리 정책·프로그램 기획을 목적으로 만든 문제나무는 완성된 문제나무이어야만 한다. 사실에 근거하여 기획하더라도 누구도 성공을 장담하지 못하는 것이 현실인데, 하물며 어떤 정책이나 프로그램이 수많은 가정과 추측 위에 쌓아 탑이라면 과연 누가 책임성(accountability)을 의식하지 않고 자원을 할당할 수 있을 것인가? 불완전하기 짝이 없는 정책이나 프로그램에 가뜩이나 부족한 자원을 할당하는 모험을 감수할 사람은 아무도 없다.

따라서 정책·프로그램 기획을 위해 만든 문제나무는 당연히 완성된 문제나무이어야 한다는 것, 그리고 더 나아가서 이 장에서 논의하지는 않았지만 완성된 문제나무가 있어야만 목표나무를 만들 수 있다는 것도 꼭 기억해 둘 필요가 있다. 이 장의 첫 부분에서 언급한 바와 같이, 문제나무 분석은 원래 정책·프로그램을 기획하거나 평가하기 위한 목적에서 고안된 접근방법이다. 연구 외에 목적을 위해 고안된 도구를 연구질문·가설 형성을 위한 도구로 사용할 때, 연구자는 이상에서 살펴본 차이를 분명하게 이해한 상태에서 그 도구를 사용해야 할 것이다.

이제 문제나무에 대해서 마지막으로 한 가지 것을 더 이야기하고 이 장의 논의를 마치기로 하겠다. 앞서 제3장에서 저자는 사회복지실천에 '직접적인 도움을 줄 수 있는 지식'에 관한 설명을 제6장에서 하겠다고 미룬 적이 있다. 이제 독자들이 문제나무를 어느 정도 이해했으리라 생각하기에 저자는 '직접적인 도움을 줄 수 있는 지식'이 무엇인지 비교적 쉽게 설명할 수 있을 것 같다.

제6장에서 살펴보았던 것처럼, [그림 6-2]의 문제나무에 제시되어 있는 문제의 원인 중 하나는 '화장실 사용에 따른 불쾌감'이었고, 이 직접적인 원인의 뒤에는 '열악한 화장실 환경 & 2차 성징 발현'이라는 원인이 숨어 있다. 그리고 '열악한 화장실 환경'의 뒤에는(지면의 제약 때문에 [그림 6-2]에는 포함시키지 않았지만) 가장 근본적인 원인이라고 할 수 있는 '취약한 경제상황으로 인한 자원부족'이라는 원인이 도사리고 있다.

저자에게 누군가가 '이 세 가지 차원의 원인 중 사회복지실천에 직접적인 도움을 줄 수 있는 지식은 어떤 것인가요?'라고 묻는다면 저자는 화장실 사용에 따른 불쾌감과 중학생들의 학업 중도포기율이 초등학생 때에 비해 심각하게 높아지는 현상 간의 관계에 관한 지식

이라고 답할 것이다. 물론 이 말이 '열악한 화장실 환경과 2차 성징 발현이 화장실 사용에 따른 불쾌감을 유발한다'는 내용의 지식이나 '취약한 경제상황으로 인한 자원부족이 열악한 화장실 환경의 원인이다'라는 내용의 지식이 중요하지 않은 지식이라는 것을 의미하는 것은 절대로 아니다.

그러나 한번 생각해 보자. 경제발전이라는 도미노를 넘어뜨리면 그 도미노가 곧바로 학업 중도포기율이라는 도미노를 넘어뜨리는가? 그렇지 않다. 경제발전이 먼저 화장실 환경개선을 위한 자원 확보로 이어져야 하고, 실제로 자원을 동원하여 화장실 환경개선이 이루어져야 하고, 그로 인해 화장실 사용에 따른 불쾌감이 없어져야 하고, 그렇게 되어야만 학업 중도포기율이 낮아진다. 즉, 경제발전과 학업 중도포기율이라고 하는 두 개의 도미노 사이에는 여러 개의 도미노가 존재하고 그 중간의 도미노들이 기대하는 방향으로 넘어져야만 비로소 경제발전이라는 개입이 중도포기율 저하라는 성과로 나타난다. 그러나 이와 달리 화장실 사용에 따른 불쾌감을 덜어 주기 위해 남학생과 여학생 각각을 위한 전용화장실을 만드는 실천개입을 하면 중도포기율 저하라는 성과는 바로 나타난다. 즉, 중간 도미노가 없는 직접적인 관계라는 것이다.

누구든 빈곤이라는 괴물이 개인에게, 지역사회에게, 그리고 사회에게 어떤 부정적인 결과를 초래하는지 상상할 수 있는 사람이라면 '빈곤으로 감소시키면 학생들의 학업 중도포기율을 낮출 수 있습니다'라는 주장을 쉽게 할 수 있다. 물론 타당성 높은 주장이다. 그러나 그러한 인과관계는 이미 '상식'으로 분류되는 지식이다. 그러나 '화장실 사용에 따른 불쾌감이 중학생(특히 여학생들의)의 높은 학업중도포기율의 주된 원인이다'라는 주장은(물론 어쩌면 이 지식도 이제는 상식으로 분류되는 지식이 되어 버렸을 수도 있지만) 결코 아무나 할 수 있는 주장은 아닌 것 같다. 이러한 주장은 문제 해결을 위해 필요한 개입 방안을 찾기 위해 실제로 고민하고 연구해 본 사람이 아니고서는 하기 힘든 주장이다. 저자가 생각하는 '직접적으로 도움이 되는 지식'이란 바로 이런 것이다.

이제 저자의 설명은 이 정도로 하고 독자들 각자가 '사회복지실천에 직접적으로 도

움이 되는 지식'이 무엇인지에 대해서 생각해 볼 수 있는 기회를 주는 것이 좋을 것 같다. 어쩌면 이쯤에서 독자들 중 누군가는 '그렇다면 보다 근본적인 원인에 관한 지식은 직접적으로 도움이 되는 지식이 되기 어렵다는 말인가요?'라는 질문을 할지도 모르겠다.[2] 이 질문에 대한 답은 우리가 이 책의 제2장에서 했던 사회복지실천의 세 가지 차원에 관한 논의에서 찾을 수 있을 것이다. 연구자가 무엇을 문제로 정의하는가에 따라서 실천의 차원, 필요한 지식의 내용, 그리고 지식을 얻는 방법은 달라진다. 물론 문제나무도 달라질 것이고 바로 그 달라진 문제나무가 우리에게 보여 주는 사회복지실천에 직접적으로 도움이 되는 지식의 내용도 달라질 것이다.

이상의 논의를 통해서 이제 문제나무 분석이 어떤 의미에서 [그림 4-1]의 첫 두 단계와 같은 것인지 그리고 저자가 왜 문제나무를 보석이 가득한 광산이라고 표현했는지 이해할 수 있게 되었으리라 생각한다. 그럼 이제 이러한 이해를 바탕으로 더 망설이지 말고 각자 자신의 문제나무를 실제로 그려 보기 바란다. 저자는 학생들과 가끔 '이제까지 뿌리째 뽑아 버린 나무가 몇 그루 정도 되나요?'라는 농담을 주고받곤 한다. 문제나무 분석은 생각보다 쉽지 않다. 문제나무 분석을 실제로 해 본 연구자들은 그러한 사실을 잘 알고 있다. 그러나 동시에 문제나무 분석은 분명히 재미있고, 이제까지 자신이 했던 사고를 정리하고 명료화하는 데, 그리고 가장 중요하게는 절대로 찾을 수 없을 것만 같았던 연구질문이나 연구가설을 어렴풋하게나마 만들어 내는 데 매우 도움이 된다. 관심 있는 사람은 다음의 문제를 가지고 문제나무 분석을 한 번 해 볼 것을 추천한다.[3]

우리나라는 노인 빈곤율이 47%에 달한다.

---

2) 사실 독자들 중 누군가가 이 질문을 한다면 저자는 매우 기쁠 것 같다.

3) 저자는 이 문제를 가지고 문제나무를 실제로 그려 본 학생들 중에 많은 학생이 교육제도, 특히 대학입시 제도가 중요한 원인일 줄은 정말 몰랐다는 말을 했던 것을 기억한다.

7

알고자 하는 것에 대한 정확한 이해 II

"오늘 대화를 통해서 우리는 다른 것은 몰라도 두 가지만큼은 분명하게 확인한 것 같습니다."

"저…… 제가 뭘 알고 싶어 하는지를 저 자신이 아는지 모르는지가 매우 의심스럽다는 것은 알겠는데, 또 한 가지는 혹시 뭘까요?"

"우리가 존재한다는 사실이지요. Dubito, ergo cogito, ergo sum. 나는 의심한다. 그러므로 나는 생각한다. 그러므로 나는 존재한다."

문제인식, 문헌고찰 I 그리고 서론 단계를 거치면서 연구자는 '왜 무엇을 알고자 하는가?'라는 질문에 대하여 어느 정도 구체적인 답을 찾게 된다. 그러고 나면 연구자는 문헌고찰 II 과정을 통해 자신이 그때까지 찾은 답을 다시 한 번 정제해야 한다. 그 정제과정의 결과로서 연구자는 자신이 알고자 하는 바를 한두 문장 정도의 오해의 여지가 전혀 없는 연구질문 또는 연구가설로 표현할 수 있게 된다. 이번 장에서는 바로 이러한 과정들에 대해서 논의하기로 하겠다.

그럼 먼저 연구가설과 연구질문에 대한 설명부터 시작해 보기로 하자. 연구가설(이하 가설)이란 변수와 변수 간의 관계에 관한 명제 또는 어떤 모수가 특정 값 혹은 특정 범위값을 갖는다는 내용의 명제이다. 예를 들면, 가설이란

~변수가 ~(하)게 변하면 ~변수는 ~하게 변한다. 모집단 차원에서 ~변수의 ~은 ~(이)다. ~변수가 ~변수에 ~한 영향을 미친다. ~변수와 ~변수 간에는 ~한 관계가 존재한다.

[7-1]

와 같은 명제이다. [7-1]을 보면 잘 알 수 있듯이, 가설은 그 내용이 지극히 명료해서 누가 언제 읽더라도 그 의미를 동일하게 이해할 수 있어야 한다. 예를 들어, 어떤 가설을 읽고 누군가가 '이게 도대체 무슨 말이지?'라는 질문을 한다거나 서로 다른 두 사람이 동일한 가설을 읽고 의미를 다르게 이해한다면 그 연구가설은 다시 만들어져야 한다. 즉, 가설은 순도 99.9%의 명제이어야 한다는 것이다.

모든 연구에서 연구자가 자신이 알고자 하는 바를 가설로 표현할 수 있는 것은 아니다. 그렇다면 어떤 연구는 가설을 가질 수 있고, 어떤 연구는 가설을 가질 수 없는가? 절대적인 판단 기준은 아니지만 만일 하고자 하는 연구가 설명적 연구이거나 연구를 통해 얻고자 하는 지식이 경험주의 인식론적 지식(즉, 경험주의 인식론에 기초한 연구방법을 통해 얻어야 하는 지식)이라면 그 연구는 가설을 가질 수 있는 연구라고 봐도 큰 무리는 없다고 판단된다. 반면에 하고자 하는 연구가 무언가를 기술하거나(describe) 탐색적으로 이해하기 위한 기술적 혹은 탐색적 연구라면, 또 얻고자 하는 지식이 합리주의 또는 낭만주의 인식론적 지식이라면 연구자가 알고자 하는 바는 가설보다는 연구질문으로 표현하는 것이 더 적절하다. 예를 들면, 연구질문이란 다음과 같은 형식을 갖는 명제이다.

~(이)란 무엇인가? ~(과)와 ~간의 관계는 어떠한가? ~과(와) ~(는)은 어떻게 다른가(같은)?

[7-2]

연구질문 또는 가설(이하 연구질문·가설)이 오해의 여지가 없을 정도로 분명해야 한다는 말의 의미를 가시적으로 나타내기 위해서 앞서 제4장에서 소개했던 [그림 4-1]를 다시 한 번 참조해 보기로 하자. [그림 4-1]에 제시된 두 개의 화살표는 논리의 범위를 나타낸다. 연구의 첫 출발점인 문제인식 단계에서 두 화살표 간의 간격이 매우 넓은 것은 연구자가 가진 논리의 범위가 연구의 첫 출발점인 문제인식 단계에서는 넓을 수밖에 없다는 것을 의미한다. 그러한 논리의 범위는 연구자가 문헌고찰 I, 서론, 문헌고찰 II 과정을 거치면서 자신의 생각을 정리해 나감으로써 점점 좁혀진다.[1] 그러다가 연구가설·질문 단계에 이르게 되면 연구자는 자신의 생각을 더 이상의 모호함이나 불분명함이 없을 정도로 정리해야 한다. 연구질문·가설이란 바로 그러한 정리된 생각을 글로 표현한 것이다. 따라서 만일 연구자가 자신의 생각으로부터 모호함과 불분명함을 충분히 제거했다면 연구자가 제시한 질문·가설은 누가 언제 읽더라도 그 의미를 항상 동일하게 이해할 수 있을 정도로 명확할 것이다.[2] [그림 4-1]의 두 선이 연구질문·가설 단계에서 교차하는 것은 연구질문·가설이 가져야 하는 바로 이러한 속성을 나타낸다.

이제 질문·가설에 대한 이와 같은 이해를 바탕으로 '자신이 알고자 하는 바를 질문·가설으로 표현하는 것이 도대체 왜 중요한가?'에 대해서 생각해 보기로 하자. 본 저자는 다음과 같은 세 가지 이유를 이 질문에 대한 답으로서 제시하고자 한다. 첫째, 연구자는 자신이 알고자 하는 바를 질문·가설으로 표현하는 과정을 거쳐야만 비로소 자신이 무엇을 알고자 하는지를 실제로 이해할 수 있기 때문이다. 종종 연구자들은 '분명히 머릿속에는 있는데 말이나 글로 표현하기가 어렵다'라는 말을 하곤 한다. 저자는 이 말이 '내가 알고자 하는 바가 무엇인지 나 스스로가 아직 정확하게 알고 있지 못하다'라는 말과 크게 다르지 않다고 생각한다. 물론 자신의 생각을 글로 옮긴다는 것은 결코 쉽지 않은 작업이다.[3] 그러나 대부분의 경우에 그러한 작업이 힘든 가장 근본적인 이유는 생각이 정리되지 않았기 때문이다.

종종 경험 많은 연구자들조차도 자신의 생각이 아직 정리되지 않았음에도 불구하고 성급하게 질문·가설을 만들어 내려는 시도를 하곤 한다. 그러나 질문·가설은 '만들어 내는 것'이 아니라 연구자의 정리된 생각으로부터 자연스럽게 '나오는 것'이다. 따라서 조급한 마음에 질문·가설을 만들어 내려고 하는 것은 마치 과일이 익을 때까지 기다리는 것이 아니라 시간을 뛰어넘어 과일을 빨리 익혀 보려고 발버둥 치는 우매함

1) 제8장에서 논의하겠지만 문헌고찰이란 연구자의 생각에서 모호함이나 불분명함이라는 불필요한 곁가지를 하나씩 제거해 나가면서 연구자의 생각을 보다 구체화하고 명료화하여 논리의 범위를 좁혀 가는 과정이다.

2) 그러나 그 반대도 항상 사실인 것은 아니다.

3) 이에 대해서는 제3부에서 자세하게 논의하기로 하겠다.

을 드러내는 것과 마찬가지라고 하겠다. 질문·가설을 '만들어 내기' 어려운 이유는 바로 이 때문이며, 설령 만들어 내더라도 억지라는 변형된 유전자를 가진 돌연변이밖에 기대할 수 없다.

그렇다면 '아무것도 하지 않고 기다리는 것'이 연구자의 역할인가? 저자가 생각하는 연구자의 역할은 과일이 잘 익을 수 있도록 필요한 노력을 기울이면서 과일이 무르익기를 기다리는 것이다. 물론 본 저자의 이러한 생각이 너무 이상적이고 그렇기 때문에 무책임하기까지 한 말이 아닌가라는 지적을 받을 수도 있다는 것을 잘 알고 있다. 아마도 그러한 비난을 다소나마 면할 수 있는 방법은 과일이 익을 때를 기다리면서 연구자가 해야 할 '노력'이 무엇인지를 밝히는 것이 아닌가 생각된다. 나중에 알게 되겠지만 사실 바로 그 '노력'이 무엇인지 밝히는 것이 자신이 알고자 하는 바를 질문·가설로 표현해야 하는 이유이기도 하다. 연구자가 해야 할 노력은 다름 아닌 개념화와 조작화이다. 연구자는 개념화와 조작화를 통해서만이 자신이 알고자 하는 바를 질문·가설로 표현할 수 있고, 그러한 과정을 거쳐야만 자신이 알고자 하는 바가 무엇인지를 실질적으로 이해할 수 있다.

대부분의 경우, 연구의 전반부에서 연구자가 찾은 '왜 무엇을?'이라는 질문에 대한 답은 '서론'을 쓰기에는 충분할 수 있으나 [7-1]이나 [7-2]와 같은 명제를 도출할 수 있을 만큼 명확한 답이 되지는 못한다. 따라서 자신이 알고자 하는 지식이 정확하게 무엇인지를 이해하려면 연구자는 자신이 찾은 '무엇을 왜'라는 질문에 대한 답을 개념화하고 조작화하는 과정을 거쳐야 한다.[4] 이 과정에서 연구자는 가설을 위한 개념화/조작화와 질문을 위한 개념화/조작화의 주안점이 다르다는 것을 이해해야 할 필요가 있다. 먼저, 가설을 도출하기 위한 개념화/조작화 과정에서 연구자는

> 복잡한 현상이나 추상적인 개념을 가능한 한 단순화하여 몇 개 정도의 속성으로 표현하고, 각각의 속성을 다시 가능한 한 단순화하여 몇 개 정도의 변수로 표현하는 것

에 주안점을 둬야 한다. 어떤 복잡한 현상이나 추상적인 개념을 단순화한다는 것은

---

4) 개념화와 조작화가 무엇이며, 어떻게 하는 것인지는 '연구방법' 또는 '조사방법'이라는 제목을 가진 거의 모든 책을 통해서 얼마든지 알 수 있는 내용인 바, 이 책에서까지 논의할 필요는 없다고 판단된다.

그러한 현상 또는 개념의 본질을 이해하는 데 필요한 최소한의 것만으로 그 현상 또는 개념을 나타내는 것을 뜻한다. 예를 들면, '사람'이라는 존재의 본질을 단 두 개의 획으로 이루어진 人으로 나타내는 것이라든지, 연필로 나무 한 그루를 그린 다음에 그 그림이 나무라는 것을 알 수 있게 하는 데 필요한 최소한의 것만을 남기고 그림에서 불필요한 부분을 지워 나가는 것은 단순화가 무엇인지 이해할 수 있게 해 주는 좋은 예라고 하겠다.

이러한 단순화를 통해서 연구자는 복잡하고 추상적인 현상이나 개념을 관찰 가능하고 검증 가능한 변수들 간의 관계에 관한 명제인 가설로 전환할 수 있다. 이 과정에서 연구자는 자신이 시도한 단순화가 타당한 것인지, 다시 말해서 대다수의 사람이 납득할 수 있는 단순화인지 여부를 반드시 확인해야 한다. 예를 들어, 한 국가의 경제 규모를 GDP로 나타내거나 국민의 건강 수준을 유아 사망률과 평균 기대수명으로 나타내는 것이 타당한지에 대해서 의문을 제기할 사람은 거의 없을 것이다. 그러나 어떤 연구자가 한 사회가 얼마나 다원화된 사회인지를 남성과 여성의 비(ratio)로 단순화하여 나타내고자 한다면 많은 사람이 그러한 시도의 타당성에 대해서 의문을 제기할 것이다. 타당성이 결여된 단순화는 필요한 지식이 아닌 엉뚱한 지식을 얻게 되는 결과를 초래하거나 환원주의와 같은 근시안적인 오류를 범하는 상황을 초래하게 된다. 따라서 연구자는 이론, 경험, 상식 등을 바탕으로 자신의 단순화가 타당한 것인지를 개념화·조작화의 모든 과정에서 수시로 확인해야만 한다.

단순화가 가설을 위한 개념화·조작화에 있어서 연구자가 가장 중요시해야 하는 것이라면, 질문을 위한 개념화·조작화에서 연구자는

복잡하고 추상적인 현상이나 개념을 기술하는 데 필요한 기준 또는 범위를 설정하는 것

에 주안점을 둬야 한다. 자신이 알고자 하는 바를 질문으로 표현한다는 것은 자신이 얻고자 하는 지식이 다름 아닌 [7-2]에 제시된 '어떤' 또는 '무엇'이라는 말에 해당하는 관념적 공간을 메꿀 수 있는 어떤 '구체적인 내용'이라는 것을 뜻한다. 따라서 연구질문을 갖는 연구에서 연구자는 바로 이러한 '어떤' 또는 '무엇'이라는 관념적 공간을 채울 수 있는 구체적인 내용을 찾아 기술하고 밝혀야 한다.

그런데 그러한 노력을 해 나가는 과정에서 종종 연구자들은 '어떤' 또는 '무엇'이라는 그 끝을 알 수 없는 어두운 우주에서 방향감각을 잃고 이리저리 헤매게 되는 상황에 처하곤 한다. 왜냐하면 '어떤' 또는 '무엇'이라는 말은 *, ( ) 같은 기호 또는 블랙홀과 같은 모든 것을 담아낼 수 있는 부정(indefiniteness)이라는 속성을 갖기 때문이다. 다시 말해서 '어떤' 또는 '무엇'이라는 말을 무엇으로 채워 넣는 것이 타당한지는 사람에 따라 얼마든지 달라질 수 있다는 것이다. 양적연구, 경험주의적 연구 또는 가설을 갖는 연구와 달리 합리주의 또는 낭만주의 연구, 질문을 갖는 연구, 질적연구가 자칫 극단적 주관성이라는 늪을 향해 치달을 수 있다는 말은 바로 이러한 위험성을 가리키는 말이라고 하겠다.

바로 이러한 문제를 해결하기 위해서 연구자는 질문을 위한 개념화·조작화 과정에서 '어떤' 또는 '무엇'을 대신할 수 있는 내용과 관련된 적절한 기준 및 범위를 설정함으로써 자신이 얻고자 하는 지식에 대해서 관념적 경계를 설정할 수 있어야 한다. 구체적으로 말해서 '어떤' 혹은 '무엇'의 내용과 관련된 기준 또는 범위를 설정한다는 것은 [7-2]에 제시된 연구질문의 내용에

~(이)라는 특성을 가진 ~의 경우
~의 또는 ~라는 관점 또는 기준에서 볼 때
~라는 시간 또는 공간적 범위 내에서
~라는 조건 또는 가정하에서

등의 내용을 첨가하는 것이다. 예를 들어, 다음의 두 질문의 내용을 비교해 보면 첫 번째 질문과 달리 두 번째 질문의 내용에는 대상, 특성, 물리적 범위, 조건 및 삶의 영역이 명시되어 있으며, 그렇기 때문에 두 번째 질문의 경우가 질문으로 표현된, 얻고자 하는 지식의 내용이 훨씬 더 한정적이고 구체적이라는 것을 알 수 있다.

- 고등교육이 장애인 자녀의 삶에 미치는 영향에 대한 부모의 기대는 자녀의 장애 유형에 따라 다른가?
- 농어촌 지역에 거주하는 미혼 여성 경증 정신장애인 자녀의 부모와 미혼 여성 경증 지체장애인 자녀의 부모가 갖는 고등교육이 장애인 자녀의 경제적 자립 및 결혼 가능성에 미칠 수 있는 영향에 대한 기대감이 다른가?

개념화·조작화를 통해서 자신이 얻고자 하는 지식에 기준 및 범위를 설정한다는 것은 자신의 연구질문을 앞에 제시된 두 번째 질문과 유사한 수준의 구체성을 가진 질문으로 표현하는 것을 말한다.

얻고자 하는 지식에 기준 및 범위를 설정하지 못할 때 종종 연구자들은 제목은 있으나 질문은 없는 황당하기 짝이 없는 상황에 직면하게 된다. 연구제목이란 연구질문·가설의 내용을 함축적으로 표현한 구(clause)이다. 그렇기 때문에 자신이 알고자 하는 바를 질문·가설로 표현할 수 없는 연구자는 연구의 제목을 정하는 데 적지 않은 애를 먹게 마련이다. 반대로 말하면 명확한 연구질문·가설을 가진 연구자는 연구의 제목을 쉽게 만들 수 있다. 그 방법은 다음과 같다.

- 위에 제시된 두 가지 질문 중 두 번째 질문 같은 구체적인 질문에서 시작하여 질문의 내용 중 불필요한 부분을 제거한다.
- 이때 독자들이 질문을 읽고 연구의 목적과 내용을 잘못 이해하는 경우가 발생하지 않게 해야 한다는 것을 염두에 둔 상태에서 제거해도 무방한 내용을 제거하여 질문 내용을 축약한다.
- 그런 다음 의문문을 평서문으로 바꾸고, '~연구' 또는 '~에 관한 연구' 등과 같은 문구를 첨가한다.

그렇다면 연구제목을 먼저 정한 다음에 연구제목으로부터 두 번째 질문과 같은 구체적인 질문을 도출해서는 안 되는가? 물론 안 되는 것은 아니다. 그러나 그러한 방식으로 연구질문을 도출하고자 시도할 경우, 연구자는 그나마 운이 좋다면 자신이 붙여 놓은 연구제목이 자신이 하고자 하는 연구와 맞지 않는다는 것을 사후적으로 깨닫게 되기 쉽고, 운이 나쁜 경우라면 자신이 달아 놓은 부적절한 연구제목의 늪에 빠져서 자신이 정말로 알고자 하는 바가 무엇인지를 깨닫지 못하게 될 가능성이 매우 높다.[5] 이러한 이유에서 본 저자는 이따금씩 질문과 제목이 동일하거나 제목은 있으나 질문은 없는 연구들을 접할 때마다 항상 신기함과 우려감을 동시에 느끼곤 한다.

자신이 알고자 하는 바를 질문·가설로 표현할 수 있어야 하는 두 번째 이유는 그렇게 함으로써 연구 전반부에서 자신이 전개한 사고가 논리적 일관성을 갖는 사고인지 여부를 확인할 수 있기 때문이다. 앞서 제1장에서 제시한 [그림 1-1]은 우리에게 연

5) 이에 대해서는 제4부 글로 옮기기에서 보다 자세하게 논의하기로 하겠다.

구의 전반부 단계에서 연구자의 사고가 해결해야 할 문제가 무엇인지를 인식하고, 문제해결에 필요한 사회복지실천의 차원 및 내용을 파악한 다음, 사회복지실천을 위해 어떤 지식이 필요한지를 밝히는 방향으로 전개되어야 한다는 것을 보여 준다. 이러한 사고 전개 과정 중 맨 마지막 과정의 산물이 바로 질문·가설인 바, 자신이 얻고자 하는 지식을 질문·가설로 표현한 연구자는 이제까지의 사고 전개 과정을 역순으로 거슬러 올라가면서 다음과 같은 두 가지 질문

- C라는 지식이 B라는 사회복지실천을 가능하게 하는 데 필요한 지식 중 하나이고, 동시에 그 중에서도 가장 우선하여 얻어야 한다고 판단했던 지식인가?
- B라는 사회복지실천이 A라는 문제를 해결하는 데 필요한 노력 중 하나인가?

에 답해 봄으로써 문제인식에서부터 질문·가설에 이르기까지 자신이 했던 사고가 논리적 일관성을 갖는 사고였는지를 확인해 볼 수 있다.

이때 연구를 통해 얻고자 하는 지식 C가 사회복지실천 B를 가능하게 하는 필요조건 가운데 하나가 아니거나 필요조건이기는 하지만 가장 먼저 만족되어야 하는 필요조건이 아니라면 연구자는 '왜 무엇을'라는 질문(그중에서도 특히 '무엇')에 대한 답을 찾는 과정으로 다시 돌아가야 할 필요가 있다. 마찬가지로 사회복지실천 B가 문제 A를 해결하기 위한 필요조건 가운데 하나가 아니라면 연구자는 특히 '왜'라는 질문에 대해서 다시 한 번 고민해 보는 기회를 가져야 할 것이다. 이러한 순환적 사고 과정을 통해서 연구자는 사고의 논리적 일관성을 높여 나갈 수 있으며, 궁극적으로는 자신이 알고자 하는 목적에 부합한 지식이 구체적으로 무엇인지 밝힐 수 있게 된다.

알고자 하는 지식을 질문·가설로 표현할 수 있어야 하는 마지막 이유는 그렇게 할 때에만 연구자는 자신이 원하는 지식을 얻을 수 있는 수단, 즉 소위 말하는 연구방법을 찾을 수 있기 때문이다. 설명을 쉽게 하기 위해서 어떤 사람이 어디로 가야 하는 상황을 한 번 생각해 보기로 하자. 이성적인 사람이라면 누구든지 이러한 상황에서 먼저 생각해야 할 것은 자신이 가야 할 곳이 어디인가이며, 가야 할 곳이 정해지고 나면 그곳까지 갈 수 있는 방법이 된다는 것을 쉽게 이해할 수 있을 것이다. 그리고 더 이상 설명하지 않더라도 '왜 얻고자 하는 지식이 구체적으로 무엇인지를 알아야 비로

소 그 지식을 얻는 방법을 알 수 있는가?'라는 질문에 대한 답 또한 쉽게 찾을 수 있으리라 본다.

단, 여기서 한 가지 주의해야 할 것은 '무엇'을 안다는 것이 '어떻게'라는 질문에 대한 답의 내용, 즉 연구방법을 100% 결정하는 것은 아니라는 점이다. 일반적으로 사회과학 분야에서는(물론 다른 분야의 경우도 마찬가지이겠지만) 어떤 지식을 얻을 수 있는 방법이 단 한 가지뿐인 경우는 거의 찾아보기 힘들다. 다시 말해서 얻고자 하는 지식과 그 지식을 얻을 수 있는 방법 간에는 일반적으로 일대다(one-to-many) 대응관계가 존재한다는 것이다. 따라서 좀 더 정확하게 말하자면 자신이 알고자 하는 지식을 질문·가설로 표현할 수 있을 때 연구자는 그 지식을 얻을 수 있는 유일한 방법(the method)이 아니라 선택 가능한 일군의 방법들(a set of methods)을 알게 되는 것이다. 연구자는 그러한 선택 가능한 방법들 중 어떤 방법을 선택하는 것이 가장 타당한지(이론적으로뿐만 아니라 현실적으로도) 판단하는 과정을 거칠 때[6] 비로소 자신의 연구에 맞는 연구방법을 알게 된다.

즉, 자신이 알고자 하는 바를 질문·가설로 표현하는 것은 지식을 얻는 방법을 찾기 위해 없어서는 안 될 필요조건 가운데 하나라는 것이다. 이러한 맥락에서 볼 때, 질문·가설 이전까지의 연구 단계가 '왜'라는 질문과 '무엇'이라는 질문을 연결하는 과정이었다면, 이제 질문·가설 단계에서부터는 '무엇'이라는 질문과 '어떻게'라는 질문을 연결하는 과정이 시작된다고 볼 수 있다.

---

6) 이를 위해서 연구자는 일반적으로 [그림 4-1]에 제시된 문헌고찰 III이라는 또 한 번의 문헌고찰과정을 거쳐야 한다. 이에 관해서는 제8장에서 자세하게 논의하기로 하겠다.

제 3 부

연구하기 Ⅱ

8

문헌고찰, 자료 정리, 그리고 자료 활용

"부가가치를 창출한다는 말은 언제 들어도 가슴이 설레는 말입니다. 그 순간 이전까지는 존재하지 않았던 가치 있는 새로운 뭔가를 만들어 낸다는 것은 정말 멋지지 않나요?

"전적으로 동의합니다. 그리고 말이지요, 저는 부가가치를 창출해 낼 수 있는 가능성이 무궁무진한 곳을 한 군데 알고 있답니다."

"네? 그게 어딘가요?"

"연구를 위해 모아 둔 문헌과 자료이지요. 신기한 것은 사람들은 왠지 문헌과 자료를 모으는 것 그 자체를 더 좋아하고, 문헌과 자료로부터 부가가치를 만들어 내는 것에는 별로 관심이 없다는 것이에요. 그렇게 애써 모아 놓고는 말이지요."

"혹시 어떤 부가가치를 말하는 것인가요?"

"당연히 새로운 지식이지요."

1. 문헌고찰

문헌고찰이란 무엇인가? 문자로 표기된 글이 유일한 정보 출처(source of information)

였던 과거에 문헌고찰은 말 그대로 문헌(literature)을 뒤져 본다는 것을 의미했다.[1] 오늘날과 같이 문헌 외에도 다양한 정보 출처가 존재하는 시대에는 문헌고찰이라는 용어의 의미를 과거와 달리 이해하는 것이 타당하다고 생각한다. 저자에게 있어서 문헌고찰이란 한마디로 말해서 다양한 정보 출처를 통해 연구를 수행하는 데 필요한 정보(information)를 찾는 것이다. 문헌고찰을 이렇게 정의하면 연구를 처음 해 보는 학생들이 종종 하곤 하는 '문헌고찰은 왜 하나요?'라는 질문에 대한 답이 매우 분명하고 간단해진다. 왜냐하면 나 이전에 틀림없이 수많은 사람이 나와 유사하거나 동일한 생각 또는 고민을 했기 때문이다.

저자에게 있어서 '나 이전에 이미 수많은 사람이(이들이 바로 선행연구자이다) 나와 유사하거나 동일한 생각을 했다'는 사실은 두 가지 것을 의미한다. 첫째, 선행연구자들 중 어떤 사람들은 그들의 생각을 어떤 형태로든 정리하여 남겼을 것이므로 연구자는 연구에 앞서 또는 연구를 진행하는 과정에서 선행연구자들이 정리해 놓은 생각과 경험을 찾아내서 이를 자신의 연구에 활용해야 한다는 것이다.

둘째, 연구자는 자신이 연구와 관련해서 하고 있는 생각이 독창적인 생각이 아닐 수 있는 가능성을 인정하고 단순히 가능성 인정에서 그치는 것이 아니라 자신의 생각이 선행연구자 중 누군가가 먼저 했던 생각인데 자신이 그러한 사실을 모르고 있는 것이 아닌지 여부를 적극적으로 확인해야 한다는 것이다.

이러한 두 가지 의미 중 첫 번째 의미는 자신이 하고자 하는 연구를 더 잘하기 위한 방법에 관한 것이라면, 두 번째 의미는 연구윤리와 관련된 것이다. 연구윤리는 정직한 또는 정직하지 않은 연구에 관한 것이며, 이 책에서 다루기에는 그 중요성이 너무 큰 주제이다. 윤리는 법 이전의, 그리고 법보다 상위의 사회규범이기 때문이다. 다행스럽게도 최근 들어 다양한 주체에 의해서 연구윤리에 관한 많은 정보가 자세하게 그리고 이해하기 쉽게 정리되어 제시되고 있다.[2] 그렇기 때문에 이 책에서는 문헌고

1) 정보를 보관하고 전달하는 종이라는 매체가 온라인 상에서 쉽게 접할 수 있는 전자 매체로 빠르게 바뀌어 가고 글뿐만 아니라 말, 행동, 공연 등으로 정보의 출처가 다양화되고 있는 현실을 고려해 볼 때, 문헌고찰이라는 용어보다는 정보 수집이라는 용어가 더 적절한 용어가 아닌가 하는 생각이 드는 것이 사실이기는 하다. 그럼에도 불구하고 이 책에서는 문헌고찰이라는 용어를 그대로 사용하면서 독자들에게 용어의 의미를 확대하여 이해해 줄 것을 부탁한다.

2) 대표적인 정보 출처로는 한국연구재단 홈페이지(https://www.nrf.re.kr/ethics/view?menu_no=327)가 있다. 논의의 범위를 사회복지학연구로 좁힐 경우, 유태균(2007), pp. 69-86을, 그리고 대학원생과 교수 간 관계에

찰의 두 번째 의미인 연구윤리에 관해서는 연구윤리는 모든 연구자가 생각해 봐야 할 주제이고, 반드시 스스로 문헌고찰을 통해 관련된 정보를 얻어야 한다는 것만 강조하기로 하고 문헌고찰의 첫 번째 의미에 대해서만 논의를 진행하기로 하겠다.

2. 자료수집

문헌고찰을 다양한 정보 출처로부터 선행연구자들의 생각과 경험이라는 정보를 찾아 이를 자신의 연구에 활용하는 것으로 정의할 때, 문헌고찰에 관한 논의는 정보를 찾는 방법과 활용하는 방법이라는 두 가지 주제에 관한 논의가 된다. 이 책에서는 이 두 가지 주제 중 '어떤 정보를 어디서 찾는가?'보다는 '찾은 정보를 어떻게 활용할 것인가?'에 주안점을 두고 논의하기로 하겠다.

논의의 범위를 이렇게 좁히는 이유는 어떤 정보를 어디서 찾는 것이 중요하지 않기 때문이 결코 아니다. 문헌고찰의 핵심이 필요한 정보를 찾는 것임은 너무도 당연한 사실이다. 다만 오늘날 우리가 사용할 수 있는 정보의 출처가 너무도 다양하다는 사실과 연구자마다 하고자 하는 연구가 매우 다르다는 사실 때문에 어떤 정보를 어디서 찾는지를 논의하고자 할 때 우리는 교집합을 가진 벤다이어그램을 좀처럼 그릴 수 없기 때문이다.

따라서 만일 누군가가 저자에게 '어떤 정보가 필요하며, 그런 정보가 어디 있는지 어떻게 알지요?'라고 질문한다면 저자는 '자신이 관심을 가지고 있는 주제와 관련된 다양한 정보 출처를 가능한 한 수시로 고찰하라'는 말과 함께 다음의 세 가지 것을 해 보라는 말 외에는 달리 해 줄 말이 없다.

- 가까운 대학이나 연구기관의 도서관에서 정기적으로 실시하는 도서관 이용 및 정보 검색 방법에 관한 교육에 반드시 참여해 볼 것
- 한국연구재단 홈페이지에 들어가서 학문 분야별로 어떤 학술지들이 있는지 확인하고, 자신이 관심 있는 학문 분야에 해당하는 학술지들을 수시로 접할 것
- 문헌고찰의 범위를 정할 때 [그림 8-1]을 반드시 기억할 것

서 발생할 수 있는 연구윤리 문제에 대해서는 http://www.acsp.org/Documents/Credit_for-collab_faculty-student_work.html를 참조할 것을 권한다.

[그림 8-1]에는 나무의 나이테를 연상하게 하는 A0~A3 동심타원(이하 동심타원A)과 B0~B3 동심타원(이하 동심타원B)이 그려져 있다.[3] 동심타원A와 동심타원B 각각은 서로 다른 두 개의 학문 분야를 나타내는 동심타원이다. 예를 들어, 동심타원A를 사회복지학, 동심타원B를 사회학이라고 생각해 보자. 두 동심타원 간에 겹치는 부분이 있고 겹치지 않는 부분이 있는 것은 사회복지학과 사회학 간에 공통된 부분이(예를 들면, 두 학문 모두 사회과학이라는 공통점) 존재함과 동시에 각각의 학문이 가진 고유한 부분이 존재한다는 것을 의미한다.[4]

또한 각 동심타원에서 가장 중앙에 위치한 타원, 예를 들면 동심타원A의 타원A0은 사회복지학 지식 중 가장 초기에 생성된, 그렇기 때문에 가장 전통적이라고 할 수 있고 타 학문 분야와의 차별성이 높은 지식(이하 중심 지식)을 나타내는 타원이다. 타원A0보다 한 단계 바깥쪽에 위치한 타원A1은 타원A0에 해당하는 지식보다 시기적으로는 나중에 생성되었고, 지식의 범위로 보자면 중심 지식보다 더 확대된 지식을 나타내는 타원이다.

[그림 8-1]에서 동심타원A와 동심타원B가 겹쳐 있는 모습으로 표현되어 있는데, 타원A0은 타원B와 겹치는 부분이 전혀 없으나 타원A1은 타원B3과 겹치는 부분이 있고, 타원A2는 타원B1과도 겹치고 타원B2와도 겹치는 부분을 가지고 있는 것을 볼 수 있다. 이는 사회복지학 지식 중 타원A0 같이 중심부에 위치한 중심 지식은 해당 학문 분야에서 가장 먼저 생성된 핵심적인 지식이기는 하지만 다른 학문 분야와의 연관성은 가장 낮은 지식인 반면, 타원A의 주변부에 위치한 지식일수록 해당 학문 분야에서의 중요성은 낮지만 다른 학문 분야와의 연관성이 높은 지식이라는 것을 나타낸다.

그렇기 때문에 [그림 8-1]의 타원A1에 해당하는 지식은 인접 학문인 사회학 지식과의 연관성 면에서 보자면 중심 지식인 타원A0에 해당하는 지식보다 연관성이 높은 지식이라는 것을 알 수 있다. 이상에서 언급한 모든 관계가 동심타원A의 모든 타원에 적용된다. 즉, 타원A1에 해당하는 지식보다는 타원A2에 해당하는 지식이, 그리고

3) [그림 8-1]의 두 동심타원은 설명을 용이하게 하기 위한 목적에서 그린 그림일 뿐이며, 동심타원A와 동심타원B 각각을 4개의 타원으로 이루어진 동심타원으로 그린 것이 사회복지학이나 사회학의 지식이 중요성을 기준으로 구분할 때 네 종류의 지식으로 나누어진다는 것을 의미하는 것이 결코 아님을 이해하기 바란다.

4) 물론 원한다면 우리는 [그림 8-1]에 사회복지학과 사회학 외에 얼마든지 다른 학문 분야를 추가할 수 있는데, 예를 들면 심리학을 추가하고자 한다면 동심타원C를 그리고 경제학을 추가하고자 한다면 동심타원D를 그려 넣는 식으로 추가하고자 하는 학문마다 그에 해당하는 동심타원을 그려 넣으면 된다.

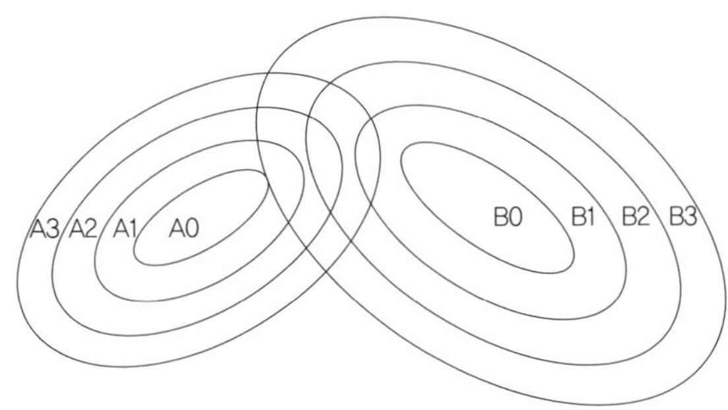

[그림 8-1] 두 학문 분야 간의 관계를 보여 주는 두 쌍의 동심타원

타원A2에 해당하는 지식보다는 타원A3에 해당하는 지식이 더 나중에 생성된 지식이고, 중심 지식 보다 확대된 지식이며, 인접 학문과 관련성이 더 높은 지식이다. 물론 이 논리는 동심타원B에도 동일하게 적용된다.

이제 [그림 8-1]이 의미하는 바를 이해했으므로 원래의 논의 주제로 돌아가 보기로 하자. 문헌고찰의 범위를 정할 때 연구자는 무엇보다 먼저 자신이 하고자 하는 연구가 해당 학문 분야의 지식 중 어디에 해당하는 지식인지, 다시 말해서 [그림 8-1]의 그림에서 타원A0~A3 중 어떤 지식에 해당하는 연구인지를 생각해 볼 필요가 있다. 예를 들어, 자신이 하고자 하는 연구가 타원A0에 해당하는 지식을 생산하는 연구인 경우와 A3에 해당하는 지식과 관련이 있는 연구인 두 가지 경우를 생각해 보자. 전자 연구의 경우, [그림 8-1]에 따르면 문헌고찰의 범위는 타원만으로도 충분할 것이라고 판단되며, 심지어 타원A에서도 타원A0으로 문헌고찰의 범위를 한정하더라도 선행연구자들이 축적해 놓은 지식과 경험으로부터 자신이 하고자 하는 연구에 도움이 될 만한 정보를 얻는 데 크게 무리가 없어 보인다.

그럼 이번에는 후자의 경우를 생각해 보자. 타원A0의 지식과 달리 타원A3에 해당하는 지식은 동심타원B의 지식과 겹치는 부분을 가지고 있기 때문에 타원A3의 지식은(적어도 [그림 8-1]에 따르면) 동심타원A의 타원A0 보다 오히려 동심타원B의 지식 중 중심 지식인 타원B0의 지식과 연련성이 더 높은 지식이다. 따라서 후자 경우의 연구를 하고자 하는 연구자는 문헌고찰의 범위를 동심타원A 학문으로 한정하기보다는 동심타원B 학문으로까지 확장하는 것이 당연히 바람직하고 실제로 그렇게 해야 한다.

만일 그렇지 않고 후자 연구를 하는 연구자가 문헌고찰의 범위를 동심타원A 학문 분야로만 한정한다면 그 연구자는 자신이 할 수 있는 모든 노력을 다하여 문헌고찰을 하고서도 정작 자신의 연구에 도움이 되는 중요한 정보는 찾지 못하는 안타까운 처지에 놓이게 될 가능성이 높다. 왜냐하면 그러한 정보는 동심타원A가 아니라 동심타원B 학문의 지식 체계 내에 존재하는 정보일 수도 때문이다.

독자들 중 어떤 사람은 순간적으로 '역시 타원A0 지식에 해당하는 연구를 하는 것이 여러모로 볼 때 바람직하겠군!'이라는 생각을 할 수도 있을 것이다. 그런 독자들을 위해 저자는 두 가지 것을 말해 줄 수 있다. 첫째, 어느 학문 분야이든 타원A0에 해당하는 지식과 관련된 연구를 하고자 할 경우, 엄청난 양의 관련 문헌을 찾을 수 있기 때문에 문헌고찰 그 자체는 매우 쉬울 것이다. 그러나 문헌을 고찰하고 나면 자신이 이전에 엄청나게 많은 수의 연구자가 자신이 하려는 연구를 이미 했다는 사실을 깨닫게 됨과 동시에 다음과 같은 두 가지 선택지 중 하나를 선택해야 상황에 처하게 된다.

연구주제(질문이나 가설이 아니라) 자체를 아예 바꿀 것인가 아니면 연구주제를 그대로 유지하면서 뭔가 새로워 보이는 것을 만들어 낼 것인가?	[8-1]

고민에 고민을 거듭하더라도 10명 중 적어도 8~9명은 아마도 후자를 선택할 것이다. 실제로 많은 연구자가 그런 선택을 하고 있다. 마치 n년 전 패널 자료와 현재 패널 자료 간에는 n년이라는 시간 차이가 있음을 차별성인 것처럼 생각하고, 연구를 하는 지역이나 대상이 다름을 차별성이라고 여기고, 본질적으로 차이가 없는 두 개념을 다른 명칭으로 부르는 것을 차별성이라고 여기고, 종속변수가 독립변수로 둔갑하는 것을 차별성이라고 여기고, 어제까지는 독립변수였던 변수가 내일은 매개변수나 조절변수로 둔갑하는 것을 차별성이라고 생각하면서 말이다. 저자는 그런 선택이 19세기라면 모를까, 21세기 사회에서는 사회복지학의 발전은커녕 오히려 사회복지학을 타 학문들로부터 고립시키고 퇴행시키는 결과를 가져오는 선택이라고 생각한다.

누구든지 자신이 하고자 하는 연구에 도움이 되는 정보를 얻기 위해 문헌을 고찰하는 것이고 타 학문 분야의 지식을 습득하는 것이지, 연구를 쉽게 하기 위해서 문헌을 고찰하고 지식을 습득하는 것이 아니라는 것쯤은 알고 있다. 그런데 왜 우리는 [8-1]

의 두 가지 선택지 중 후자를 선택하는가? 저자가 생각하는 이유는(비록 아직 확신할 수 없는 섣부른 생각이지만) 두 가지이다.

첫째는 지금과 같은 사회복지사1급 자격시험 제도와 사회복지 실습 제도는 우주처럼 드넓은 학문의 세계를 항해할 자유를 가진 사회복지 전문인들을 동심타원A라는 좁은 세상에(어쩌면 그 중에서도 가장 좁은 타원A0에) 몰아 놓고 한 걸음도 움직이지 못하게 하면서 지식은 보존하는 것이지 보급하고, 확대하고, 발전시키는 것이 아니라는 사고를 심어 주는 중세기적 사고 때문인 것 같다.

도대체 왜 했는지 알 수 없는 문헌고찰과 타원A0에서 좀처럼 벗어나지 못하는 연구는 표면에 드러난 현상일 뿐 그 근저에는 지난 수십 년간 지속되어 온 사회복지사1급 자격시험 제도와 질을 평가할 수 없는 사회복지 교육이라는 깊은 뿌리가 존재하고 있는 것은 아닌가? 그 뿌리에서 자란 가지와 그 가지에 열린 열매가 뿌리와 다른 DNA를 가질 수 있을 것이라고 기대하는 것 자체가 어리석은 생각인 것 같다. 저자는 바로 이 이유 때문에 사회복지사1급 자격시험 제도, 그리고 실습을 포함한 사회복지학 교육 방식이 하루 빨리 개혁되어야 한다고 생각한다.

저자가 생각하는 두 번째 이유는 주로 현재 그리고 앞으로 사회복지학 석사나 박사 학위를 얻기 위해 학위과정에 있거나 있게 될 준연구자들과 특히 관련이 깊은 이유이다. 문헌고찰과 학위 취득에 필요한 수업을 이수하는 과정이 별개의 것이 아님에도 불구하고 학위과정에 있는 거의 모든 연구자는 마치 모두가 동일한 어떤 사람에게서 배우기나 한 것처럼 이 두 가지 것을 별개로 여기는 기이한 성향을 공유하고 있는 것 같다.

학위과정 중에 자신이 어떤 과목을 선택하여 이수할지, 사회복지학 외에 어떤 학문 분야의 지식을 얻기 위해 공부해야 할지, 그리고 더 나아가서 어떤 정보 출처들을 고찰하여 어떤 정보를 얻을지 등에 관한 결정을 학위과정을 시작하는 시점에서 하라는 요구가 무리한 요구라는 것을 모르는 바는 아니지만 그럼에도 불구하고 학위 과정 중 절반 이상을 이수한 시점에서조차도 그러한 결정을 아무런 기준 없이 하는 것은 심각한 문제가 아닐 수 없다.

저자의 경험에 비춰 볼 때, 학위과정에 있는 준연구자들 중 적어도 60% 이상은 학위논문을 써야겠다는 결심을 하고 난 다음에 문헌고찰을 시작하는 것 같다. 다시 말하면 그 시점 이전까지 이수한 수업은(그리고 그 수업을 위해 들인 시간은) 자신이 하려는 연구와 거의 관련이 없는 공허한 노력이고 낭비된 시간이라는 것이다. 이러한 비효율이 사라지지 않는 한 사회복지학 연구자들의 문헌고찰의 범위가 동심원A 이상으로 넓어지기는 어려울 것이다.

학위과정에서 수업을 이수할 때 연구자가 완결해야 할 과제는 동심타원A에 해당하는 지식만을 습득하는 것이 아니다. 연구자는 수업이라는 과정을 사회 내지 사회현상이라고 하는 실재가(사회복지학은 사회과학이므로) 동심타원A뿐만 아니라 동심타원B, 동심타원C, 동심타원D 등의 수많은 동심타원으로 이루어진 실재라는 사실을 이해하고, 그러한 타원들 중 어떤 타원이 자신의 동심타원A와 어느 부분에서 얼마나 그리고 어떻게 겹치는지를 이해하고, 자신의 연구를 위해 문헌고찰의 범위를 어떻게 설정해야 하는지를 이해하는 기회로 활용해야 한다는 것을 반드시 기억해야 한다. 그러한 효율적인 준비는 자신의 연구가 '잘된 연구'가 되는 데 필요한 조건 중에서도 으뜸가는 조건이기 때문이다.

3. 정보 정리: 정보 분류하기

찾은 정보를 활용하기 위해서는 무엇보다 먼저 정리해야만 한다. 정리되지 않은 정보는 사실 정보로서의 가치가 전혀 없다고 말해도 과언이 아니다. 왜냐하면 적어도 어떤 지식을 정보라고 말하려면 그 지식을 정리하여 ready-to-use 상태에 있어야 하기 때문이다. 그렇다면 어떤 기준에서 정보를 정리해야 하는가? 한마디로 말해서 연구자는 자신이 찾은 정보가 앞서 제4장에서 소개한 [그림 4-1]의 연구 과정 중 어느 과정에서 활용할 수 있는 정보인지를 기준으로 분류해야 한다. 이 장의 이하 내용에서 저자는 '정보를 정리한다'는 말을 이러한 기준에서 정보를 분류하는 것으로 정의하고 사용하기로 하겠다.

제4장에서 저자는 연구를 위해서 적어도 세 가지 서로 다른 목적을 가진 문헌고찰이 필요하다고 언급한 바 있다. 이 말이 의미하는 바는 적어도 세 번의 서로 다른 목적을 가진 문헌고찰을 실시해야 한다는 것으로 이해할 수도 있지만, 실제 의미는(현

실 상황에 더 부합하는 의미는) 문헌고찰을 통해 찾은 정보를 적어도 세 가지 서로 다른 목적을 위해서 분류하고 정리해야 한다는 것이다. 왜냐하면 실제로 문헌고찰은 연구의 전 과정에 걸쳐 진행되는 연속적인 과정이며, 어느 시점까지는 하나의 목적을 위해서 문헌을 고찰하고 그다음에는 이전 목적과는 무관한 전혀 다른 목적을 위해서 정보 출처를 고찰하는 식으로 문헌고찰이 진행되지는 않기 때문이다.

앞서 제4장에서 언급한 바와 같이, [그림 4-1]에 제시된 문헌고찰I의 초점은 연구자가 관심을 갖게 된 문제에 관한 기본적인 정보를 얻는 것에 맞춰진다. 따라서 문헌고찰I에서 연구자는 일반적으로 우리가 특정 사회문제를 이해할 때 하는 질문들, 즉

- 자신이 알게 된 상황(현상)은 정확하게 무엇인가?
- 그러한 상황(현상)과 관련된 긍정적인 측면과 부정적인 측면은 무엇인가?
- 그러한 상황(현상)이 왜 발생하는가?
- 그러한 상황(현상)을 누가 어떤 이유에서 문제라고 정의하는가?
- 그러한 상황(현상)이 사회, 집단 또는 개인의 복지 수준을 저하시키거나 더 높은 수준의 복지를 실현하는 데 장애가 되는가?
- 문제해결을 위해서는 어떤 구체적인 노력, 즉 사회복지실천 개입이 이루어져야 하는가?

를 염두에 두고 자신이 얻은 정보를 이상의 질문에 대한 답을 찾는 데 도움이 되는 정보인지 여부를 판단해야 한다.

문헌고찰 I에서 정보를 수집하고 고찰하는 가장 주된 목적이 문제에 대한 정확한 이해였다면, 이제 문헌고찰 II에서는 연구하고자 하는 바를 명료화하는 것이 무엇보다 중요해진다. 즉, 자신이 고찰한 정보 중 연구를 통해 생산해야 할 지식이 무엇인지를 연구자 스스로가 분명하게 이해하는 데 도움이 되는 정보가 어떤 것인지를 판단하고 분류해 내는 것이다. 구체적으로 말해서 연구자는 문헌고찰II에서 적어도 다음과 같은 세 가지 질문

- 문제해결을 위해 사회복지개입을 하려면 어떤 지식이 필요한가?
- 필요한 지식과 관련해서 누가 이제까지 어떤 연구를 통해 어떤 지식을 생산했는가?
- 문제해결을 위해 필요한 지식 가운데 부재 또는 부족한 지식은 어떤 것인가? 즉, 어떤 지식이 더 필요한가?

에 대한 답을 찾는 데 직접적으로 도움이 되는 정보와 그 밖의 정보를 분류해야 한다.

자신이 얻어야 하는 지식이 무엇인지 정확하게 이해한 연구자는 그 지식을 얻을 수 있는 가장 적합한 방법을 찾는 데 도움을 줄 수 있는 정보를 필요로 한다. 문헌고찰 III는 바로 이러한 목적에서 행해지는 정보 수집 및 분류이다. 문헌고찰 III 과정에서 연구자는 적어도 다음의 세 가지 질문에 대한 답을 찾는다는 생각을 하면서 정보를 수집하고 고찰하는 것이 바람직하다.

- 연구가설·질문에 대한 답을 얻기 위해서는 어떤 연구방법이(예를 들면, 양적방법, 질적방법 또는 혼합방법 중) 가장 적합한가?
- 자신의 연구가설·질문과 유사한 연구가설·질문을 가진 선행연구들은 어떤 연구방법을 어떤 이유에서 사용했으며, 해당 연구방법을 사용하는 데 따르는 장점과 단점은 무엇이었나?
- 문헌고찰 결과 가장 적합하다고 판단된 연구방법에 대해서 자신이 가진 지식 또는 경험이 충분하지 않다면 어떤 지식 또는 경험을 어떻게 보완해야 하는가?[5)]

앞서 언급한 바와 같이, 문헌고찰 I, II, III은 순차적으로 이루어지기보다는 동시다발적으로(특히 문헌고찰 II와 III은) 그리고 연구의 전 과정에 걸쳐 이루어지는 것이 일반적이다. 문헌고찰이 순차적으로 이루어지는 것이 아니기 때문에 문헌고찰을 통해 수집한 정보를 분류하는 것이 더더욱 중요하다. 이제 구체적으로 수집한 정보를 어떻게 분류하는지에 대해서 논의해 보기로 하자. 정보 분류와 관련해서 연구자가 무엇보다 먼저 알고 있어야 할 것은(아마도 연구 경험이 있는 연구자라면 누구나 이미 잘 알고 있겠지만) 특정 정보가 문헌고찰 I, II, III에서 답해야 할 질문 중 어느 한 가지 질문에만 관련이 있는 경우는 거의 없다는 것이다. 다시 말해서 답해야 하는 질문이 10개라면 자신이 찾은 한 가지 정보가, 물론 정도의 차이는 있겠지만 10개의 질문 각각에 답하는 데 부분적으로 모두 활용될 수 있다는 것이다. 그렇다면 정보를 어떻게 분류해야 하는가? 저자는 다음과 같은 방법을 권하고자 한다.

먼저, 수집한 모든 정보를 종이문서(이하 문서) 형태로 전환하여 보관하는 것이 필

5) 학위 취득을 위해 수업을 이수하는 과정이 곧 문헌고찰 과정인 연구자는 문헌고찰 III 과정에서 이 질문에 대해 특별히 신경을 쓸 필요는 없을 것이다. 그러나 앞서 언급한 바와 같이 일단 논문을 써야겠다는 생각을 하고 난 다음에 문헌고찰을 시작하는 연구자라면 이 질문을 문헌고찰 III 과정에서 반드시 염두에 두는 것이 바람직할 것이다.

요하다. 물론 정보의 양이 방대할 경우, 컴퓨터 파일의 형태로 보관하는 것이 여러 가지 면에서 편리할 수 있다. 그러나 할 수만 있다면 모든 정보를 문서의 형태로 만들어 보관하는 것이 더 바람직하다. 그렇게 해야 하는 이유로는 두 가지 것을 제시할 수 있다. 한 가지는 문서화된 정보(이하 문서정보)는 컴퓨터 파일 형태의 정보(이하 컴퓨터파일정보)에 비해서 원할 때 더 빨리 그리고 더 쉽게 접할 수 있으며, 이동성 또한 더 높다는 것이다. 컴퓨터파일정보는 반드시 컴퓨터라는 매체를 통해서만 재생할 수 있다. 연구를 하다 보면 현실적으로 컴퓨터를 켜고 파일을 찾아서 한 번에 기껏해야 문서 한 쪽의 2/3 정도 밖에 읽을 수 없는 상황(물론 모니터의 크기에 따라 다르겠지만)에 처하는 것이 얼마나 비효율적인지 경험해본 사람이라면 쉽게 이해할 수 있을 것이다. 컴퓨터파일정보는 저장 장치에 저장하여 손쉽게 가지고 다닐 수 있지만 컴퓨터가 없는 곳에서는 무용지물에 불과하다. 현실적으로 한 시간 동안에 1,000쪽 분량의 문서정보를 읽고 이해해야 하는 상황이 아니라면 대용량 저장 공간을 가진 컴퓨터를 들고 다녀야 할 경우는 그리 많지 않으며, 아무리 가벼운 노트북 컴퓨터도 잠깐 남는 시간을 이용하여 읽을 수 있는 30쪽 정도의 문서보다는 당연히 무겁다. 더 중요한 것은 연구를 하다 보면 다양한 정보를 동시에 활용해야 하는 상황이 예외 없이 발생한다는 것이다. 이 경우, 한 눈에 볼 수 있게 넓은 책상 위나 방바닥에 늘어놓은 문서정보를 대신할 수 있는 것은 아무것도 없다.

두 번째 이유는 아무리 중요한 정보라고 할지라도 그 정보를 자신의 것으로 만들지 않는다면 아무런 가치가 없기 때문이다. 아마도 누군가는 이 말을 듣고 '정보를 컴퓨터파일 형태로 보관하면 문서 형태로 보관할 때보다 덜 읽는다는 말인가?'라고 반문할지도 모르겠다. 사람에 따라 다르겠지만 본 저자의 답은 '그렇다'이다. 지금 바로 각자 자신의 컴퓨터에 저장된 파일 정보 가운데 아직 한 번도 읽지 않는 파일 정보가 몇 개나 되는지를 한 번 세어 본다면 10명 가운데 적어도 8명 이상은 그 수가 자신이 아직 읽지 않고 책상 위에 놓아둔 문서정보의 수보다 훨씬 많다는 것을 알게 될 것이다. 용량 때문에 정보를 불가피하게 컴퓨터파일 형태로 보관해야 하더라도 일단 읽은 정보는 반드시 문서정보로 만들어 보관하는 것이 나중을 위해서 더 바람직하다.

정보 분류 방법으로서 또 한 가지 권하고자 하는 것은 정보를 시각적으로 분류하는 것이다. 예를 들어, 한 편의 학술논문을 찾았다고 가정해 보자. 만일 자신이 찾은 논문, 즉 정보가 연구의 출발점이 되는 '문제'를 명확하게 이해하는 데 도움이 되는 정보를 가지고 있다면 연구자는 이 논문을 복사한 다음, 복사한 논문의 첫 쪽 오른쪽 가장자리에 빨간색 테이프를 붙여 이 논문이 문헌고찰 I에 해당하는 논문이라는 것을 표시할 수 있다. 만일 찾은 정보의 내용이 연구질문·가설을 도출하는 데 도움이 되는 정보를 가지고 있다거나 연구방법에 관한 결정을 내리는 데 도움이 되는 정보를 제공해주는 논문이라면 다음과 같이 다른 색 테이프를 붙임으로써

문헌연구 Ⅰ — 빨간색 테이프
문헌연구 Ⅱ — 노란색 테이프
문헌연구 Ⅲ — 파란색 테이프

그러한 사실을 나타낼 수 있다. 이와 같은 방법으로 분류한 정보는 붙여진 테이프의 색깔별로 분리하여 (예를 들면, 서로 다른 색의 테이프가 붙은 정보는 서로 다른 파일이나 박스에 보관하는 식으로) 보관해두어야 필요할 때 정보를 손쉽게 활용 분야별로 구분할 수 있다. 저자에게 있어서 정보를 가시적으로 분류한다는 것은 바로 이러한 방법으로 정보를 분류하는 것을 말한다.

만일 어떤 정보가 사회문제를 이해하는 데 도움이 되는 정보와 연구방법을 결정하는 데 도움이 되는 정보를 모두 가지고 있다면 그 정보에는 예들 들어 빨간색 테이프와 남색 테이프를 모두 붙임으로써 그러한 사실을 나타낼 수 있다. 어떤 경우에는 자신이 하려는 연구의 모든 과정에서 활용할 수 있을 만큼 활용 범위가 넓은 정보를 찾을 수도 있다.[6)] 그런 정보를 찾게 되면 그 정보를 그 정보가 가진 활용 분야의 개수만큼 복사하여 각각의 복사본에 서로 다른 활용 분야를 나타내는 색깔의 테이프를 붙인 다음 각각의 복사본을 해당 정보를 보관하는 파일 또는 박스에 넣어 보관하는 것이 바람직하다.

---

6) 어떤 연구자들에게 있어서 이러한 정보는 한편으로는 복권 또는 오아시스로 여겨지기도 하지만, 다른 한 편으로는 '이런 연구가 이미 존재하는 상황에서 내 연구가 가치가 있는가?'라는 의문을 갖게 만드는 독약으로 여겨지기도 한다. 이러한 정보에 대해서 연구자들이 부여하는 의미는 현상학적 연구의 주제로서 손색이 없어 보인다.

한걸음 더 나아가서 똑같이 문헌연구 II로 분류되어 노란색 테이프가 붙은 두 편의 논문 가운데 한 편의 논문은 기존 연구들이 생산해 놓은 지식에 관한 정보를 주는 반면, 다른 한 편의 논문은 특정 개념을 조작화하는 데 도움이 되는 정보를 준다면 첫 번째 논문에는 노란색 테이프 위에 II-1이라고 표기하고, 다른 두 번째 논문에는 노란색 테이프 위에 II-2라고 표기하거나 첫 번째 논문에는 노란색 테이프와 초록색 테이프를, 그리고 두 번째 논문에는 노란색 테이프와 파란색 테이프를 붙임으로써 문헌고찰II에 해당하는 두 편의 논문을 한 단계 더 세분할 수 있다.

이러한 분류 방식에 따라 정보를 분류할 때 연구자는 자신이 가지고 있는 정보 각각의 중요성과 활용 분야를 한눈에 알아볼 수 있다. 예를 들어, 연구자가 논문의 첫 부분, 즉 연구문제에서부터 서론 부분에 이르는 글을 쓰고자 한다면 자신이 가진 정보 가운데 빨간색 테이프가 붙은 정보만을 선별함으로써 자신이 쓰고자 하는 부분의 글을 쓰는 데 필요한 정보를 손쉽게 골라내서 활용할 수 있다. 만일 자신의 정보를 이와 같이 가시적으로 분류해 놓지 않았다면 연구자는 해당 부분의 글을 쓰기 위해서 어떤 정보가 활용할 수 있는 정보인지를 기억에 의존하여 판단해야 한다. 저자의 경험에 비춰 볼 때, 전자는 글을 쓸 수 있게 해 주는 효과적이고 동시에 효율적인 방법으로, 그리고 후자는 왜 자신의 기억력을 믿어서는 안 되는지를 분명하게 인식할 수 있게 해 주는 더 없이 좋은 방법으로 저자의 머릿속에 각인되어 있다.

4. 정보 활용: 정보를 제시하는 방법

이상의 논의가 정보를 어떻게 분류할 것인가에 관한 것이었다면 이번에는 정보를 제시하는 방식, 즉 문헌고찰을 통해서 찾은 정보를 어떻게 연구에 제시할 것인가에 대해서 논의해 보기로 하자. 논의를 시작하기에 앞서 독자들에게 이 소제목, '정보 활용: 정보를 제시하는 방법'에 해당하는 내용에서만은 '연구'라는 말을 '논문'으로 이해해 줄 것을 부탁한다. 연구를 하는 것과 논문을 쓰는 것은 물론 다른 것이며, 이 책에서 우리는 이제까지 연구라는 맥락에서 모든 논의를 진행해 왔다. 그러나 정보 제시에 관한 논의만큼은 맥락을 '연구'에서 '논문'으로 전환하는 것이 더 타당하다고 할 수 있다. 왜냐하면 연구를 위해서는 문헌고찰을 통해 필요한 정보를 찾는 것은 필요하지만 찾은 정보를 반드시 제시해야 할 필요는 없으나 논문을 쓰기 위해서는 반드시 정보를 제시해야 하기 때문이다.

정보를 제시하기 위해서는 무엇보다 먼저 찾은 정보를 분류하는 작업이 이루어져야 한다. 여기서 말하는 '정보 분류'는 앞서 소개했던 활용 분야별 분류를 가리키는 것이 아니라 자료의 내용을 기준으로 자료를 범주화하는 것을 말한다. 놀랍게도 예상보다 많은 연구자가(특히 연구경험이 많지 않은 연구자들) 정보 제시를 위해서도 정보를 분류하는 작업이 필요하다는 사실을 잘 인식하고 있지 못하다. 물론 지나친 일반화를 시도하는 것처럼 들릴 수도 있으나 저자는 문헌고찰을 통해 찾은 자료를 하나씩 소개하는 식으로 정보를 제시하는 연구자들 가운데 거의 대부분은 정보를 제시하기 전에 정보를 분류해야 한다는 사실을 모르고 있다고 생각한다.

그렇다면 정보 제시를 위해서 정보를 분류한다는 것은 구체적으로 무엇을 말하는가? 예를 들어, 어떤 연구자가 문헌고찰을 통해서 자신이 연구하고자 하는 주제와 관련된 다수의 연구논문을 찾았다고 가정해 보자. 연구자는 일단 자신이 찾은 각각의 논문들에 제시된 연구결과들을 비교하여 유사한 연구결과를 보고하고 있는 논문들을 동일한 범주로 묶는 방식으로 논문들을 n개의 범주로 구분한 다음, 각 범주에 해당하는 연구논문들이 보고하고 있는 연구결과를 서술하면서 자료를 제시할 수 있다.

예를 들면, 1996년 말 경제 위기가 시작된 이후 현재까지 정부가 실시한 사회복지 정책들이 우리 사회의 불평등을 완화시켰다고 주장하는 논문들을 하나의 범주로 묶고, 이와 정반대로 불평등을 심화시키는 결과를 낳았다는 연구결과를 보고하는 논문들을 또 하나의 범주로 묶고, 마지막으로는 정부의 사회복지 정책이 불평등에 이렇다 할 만한 영향을 미치지 못했다고 주장하는 논문들을 또 다른 범주로 묶은 다음, 각 범주에 해당하는 연구논문들이 공통적으로 말하고 있는 주된 연구결과, 근거 및 함의 등을 서술해 나가는 방식으로 자료를 제시할 수 있다.

어떤 경우는 문헌고찰을 통해 찾은 연구논문 형태의 정보를 고찰한 결과, 기존의 연구들이 '주제'(그것이 무엇이든지 간에)의 특정 차원 또는 측면(이하 문제의 차원)에 주로 초점을 맞추고 있으며, 연구자가 보기에 중요하다고 판단되는 차원을 간과 내지는 등한시하고 있다는 점을 발견하게 될 수도 있다. 이 경우, 정보를 제시하는 적절한 방법 중 하나는 주제와 관련해서 이제까지 특정 주제에 관한 정보들이 주제의 어떤 차원에 관한 연구들인지를 중심으로 정보를 범주화한 다음, 그렇기 때문에 문제의 어떤 차원에 관한 연구가 필요하다는 것을 강조하면서 서술하는 것이다.

문헌고찰을 통해 얻은 정보는 주제의 차원이 횡적인 기준을 가지고 분류할 수도 있지만 시간이라는 종적인 기준을 가지고도 범주화할 수 있다. 예를 들면, 1980년대의 사회복지 정책 분야의 연구들은 주로 특정 사회보장제도의 필요성을 시민의 권리 또는 복지국가의 역할이라는 차원에서 살펴본 데 비해 사회보장 체계가 외형적으로 갖추어진 1990년대에 들어와서는 제도들을 어떻게 확대 및 개선해야 하는가에 관한 제도 분석적 연구들이 활발하게 이루어졌으며, 1990년대 후반부터는 제도의 효과성 및 효율성을 평가하는 계량적인 연구들이 주를 이루기 시작했다는 것을 발견할 수 있다. 이 경우, 특정 주제에 관한 연구들을 시대별로 구분지어 각 시대별 특성을 서술하는 것도 한 가지 방법이 될 수 있으며, 더 나아가서는 주제의 차원이라는 횡적 기준과 시간이라는 종적 기준을 동시에 활용하여 정보를 분류하고 제시할 수도 있다.

연구 방법 또한 자료를 범주화하는 좋은 기준이 될 수 있다. 예를 들어, 유사한 연구 결과를 보고하는 다수의 논문도 연구방법을 기준으로 하여 비교할 경우에 서로 다른 범주로 분류되기도 한다. 만일 논문에 제시하고자 하는 정보들이 문헌고찰 III을 위해 수집한 정보들이라면 특히 사용된 연구 방법의 종류와 내용을 기준으로 정보를 범주화한 다음, 각각의 범주별로 사용된 연구 방법의 특성, 장점, 단점 등을 비교 서술하면서 정보를 제시하는 것이 적절할 수도 있다.

정보 제시와 관련해서 또 한 가지 분명히 이해해야 하는 것은 어떤 기준을 가지고 정보를 범주화하고 제시하든지 정보 제시는 '제시' 그 자체가 목적이 아니라 자신의 연구를 위해 정보를 어떻게 '활용'했는지를 밝히는 것이라는 점이다. 정보 제시 그 자체가 목적이 된다는 것은 '나는 이러한 정보들을 수집했고 고찰했다'는 것을 독자들에게 밝히기 위한 정보 제시를 말한다. 이 경우, 정보 제시는 많은 양의 정보를 단순히 열거하는 지루하기 짝이 없는 글이 되어 버린다. 마치 어떤 책의 일부를 그대로 옮겨다 놓은 것 같은 문헌고찰이나 자신이 찾은 모든 논문을 발행 연도나 저자 이름의 가나다 또는 ABC 순서대로 소개하는 문헌고찰이 바로 '제시' 그 자체를 위한 정보 제시의 대표적인 예라고 할 수 있다.

그렇다면 정보를 어떻게 '활용'했는지를 밝히는 정보 제시란 어떤 것인가? 저자는 이 질문에 대한 답을 두 가지 방법으로(두 가지 답이 있다는 것이 아니라) 설명하곤 한다.[7] 먼저 한 가지 방법은 '활용'이 주된 목적이 되는 정보 제시를

~정보에 따르면 ~이므로 이 연구에서 나는 ~했다.

라는 말로 가득 채워진 정보 제시라고 정의하는 것이다. 연구자는 연구를 진행함에 있어서 수많은 판단과 선택을 내리게 된다. 그러한 판단과 선택을 내릴 때 연구자는 무엇을 근거로 삼아야 하는가? 바로 자신이 수집하고 고찰한 정보이다. 물론 경우에 따라서 연구자는 연구자로서의 직관에 근거하여 선택과 판단을 해야 할 때도 있다. 그러나 직관에 근거하여 선택과 판단을 하기 위해서는, 그리고 그러한 선택과 판단이 올바른 결과를 가져올 수 있으려면 연구자는 어떤 것과도 바꿀 수 없는 '경험'이라는 수정 구슬을 가지고 있어야 한다. 어처구니없는 순환논리처럼 들리겠지만 그러한 수정 구슬은 정보에 근거하여 선택과 판단을 내리는 과정을 반복한 다음에야 비로소 갖게 되는 것이기에 연구자는 결국 정보를 자신의 선택과 판단의 근거로 활용해야 한다.

두 번째 방법은 어린 시절에 누구든지 한 번쯤은 그림 맞추기를 해 보았을 것이라는 전제하에서 문헌고찰을 그림 맞추기에 비유하면서 '활용'이 주된 목적이 되는 정보 제시가 어떤 것인지를 설명하는 방법이다. 그림 맞추기는 항상 어떤 주제가 있는 그림을 여러 조각으로 나누어 놓은 것이다. 저자에게 있어서 연구하고자 하는 주제는 그림 맞추기의 주제에 해당하고, 연구는 그림 맞추기의 그림에 해당한다. 그림 맞추기를 구성하는 각각의 그림 조각은 특정 주제에 관한 연구를 진행하기 필요한 최소한의 논리적 구성요소들이다. 그림 맞추기를 할 때 우리는 어지럽게 뒤섞여 있는 많은 그림 조각 중에서 그림 맞추기 판 위의 특정 위치에 놓여야 할 그림 조각을 하나씩 찾아다가 맞춰 가면서 한편의 그림을 완성시켜 간다.

저자에게 있어서 문헌고찰은 마치 그림 맞추기를 하듯이 자신이 완성하려는 연구

7) 두 가지 방법 중 어느 방법을 이용하여 답을 설명하는 것이 더 효과적이라고 생각하는지는 연구자에 따라 다를 수 있다.

라는 그림을, 자료라는 그림 조각을 찾아 완성시켜 가는 과정이다. 각각의 그림 조각이 그 자체로서는 중요하지 않지만 전체 그림을 완성하기 위해 활용될 때, 그리고 다른 그림 조각들과 관련성을 가질 때 중요성을 인정받는 것처럼 정보 역시 항상 그러하다. 그렇기 때문에 정보는 연구를 위해서 활용되어야 하며, 다른 정보들과의 관련이라는 맥락 내에서 서술되어야 한다.

그림 맞추기를 해 본 사람이라면 한동안 하지 않았던 그림 맞추기를 오래 간만에 다시 하려고 할 때면 몇 개의 그림 조각이 없어져 버린 것을 발견하고 안타까워해 본 경험을 한두 번쯤은 해 보았을 것이다. 그런데 놀랍게도 연구라는 그림 맞추기를 할 때는 없어진 그림 조각이 무엇인지 알게 되면 연구는 한결 수월해진다. 만일 어떤 그림조각이 존재하지 않는다면 그 그림 조각에 해당하는 정보를 만들어 내는 것이 곧 독창적인 연구이기 때문이다. 어떤 그림 조각이 없어졌는지는 그림 조각들을 거의 다 맞출 때쯤이 되어야 비로소 알게 된다. 이와 마찬가지로 연구라는 그림에서 무엇이 빠져 있는지를 알기 위해서는, 다시 말해서 무엇이 더 필요한지를 알기 위해서는, 그리고 더 나아가서 무엇을 해야 할지를 알기 위해서는 반드시 정보를 고찰하고 연구라는 그림을 그려 내기 위해서 정보를 활용해야만 한다.

저자에게 있어서 '활용'이 주된 목적이 되는 정보 제시가 그림을 완성하기 위해서 그림 조각들을 맞춰 가는 과정이라면, '제시' 그 자체가 목적인 정보 제시는 아무런 목적의식 없이 그림 조각들을 단순히 늘어놓는 것으로 이해된다.

마지막 방법인 세 번째 방법은 제6장에서 소개했던 문제나무를 중심으로 문헌고찰 결과를 제시하는 것이다. 저자가 이 방법을 가장 좋아하는 이유는 한 주제에 관해서 저자가 한 모든 사고를 멋진 한 그루의 나무로 표현할 수 있기 때문이다. 제6장에서 살펴본 바와 같이, 문제나무에는 문제와 원인 그리고 결과를 연결하는 많은 연결선이 있다. 그 연결선 하나하나는 모두 관계이다. 그 관계들 중 어떤 것들은 사실로 검증된 (물론 반증 가능한) 관계인 반면, 어떤 것들은 가정을 불과한 관계일 수 있다. 그렇기 때문에 문제나무를 그릴 때 사실로 검증된 관계는 실선으로, 가정에 불과한 관계는 점선으로 표시하는 것이 바람직하다. 그런데 우리는 어떤 관계 A가 사실로 검증된 관계인지 아닌지를 어떻게 판단할 수 있나? 저자의 답은 다음과 같다.

> 관계 A가 사실임을 뒷받침하는 연구결과들이 있고, 연구자가 그러한 연구결과들이 어떤 것들인지 문헌고찰을 통해 알고 있고, 자신의 주장을 접하게 될 독자들에게 그런 연구결과를 제시할 수 있으면 된다.

만일 관계 A가 사실임을 뒷받침하는 연구결과가 없다면 연구자에게는 큰 행운이다. 왜냐하면 연구자는 바로 '그 관계 A가 사실인가?'라는 좋은 연구질문을 얻게 된 것이기 때문이다. 이러한 맥락에서 볼 때, 저자는 이따금씩 '연구주제를 찾기가 너무 어렵다'는 말을 들을 때마다 도대체 이 세상에 연구된 적이 없는 관계가 얼마나 많고, 관계는 차치하고라도 '이것은 도대체 뭐지?'라는 질문에서 바로 그 '이것'에 해당하는 것들이 얼마나 많은데 '연구주제를 찾기가 어렵다는 말을 할까?'라는 생각을 하지 않을 수 없다.

문제나무에 표시된 모든 관계 각각에 대해서 각각의 관계와 관련된, 자신이 문헌고찰을 통해 찾은 연구결과들을 아주 작은 글씨로 저자, 발표연도, 글제목만 표시하기 시작하면 연구자는 그전까지 혼돈과 무질서 상태에 있던 문헌고찰 결과들이 놀랍게도 문제나무라고 하는 하나의 큰 논리 구조 속에서 어디에 위치하는지를 조금씩 이해하기 시작할 수 있게 된다. 그리고 그 과정의 결과로 연구자는 문제, 원인, 결과, 그리고 관련 문헌으로 가득 찬 문제나무라는 QR 코드를 얻게 된다. 연구자와 연구자 간의(물론 동일한 주제에 대해서 어느 정도의 사고 과정을 거친) 의사소통은 바로 그렇게 얻어진 인스타그램을 통해서 이루어져야 하며, 그렇게 할 때 가장 효율적인 의사소통이 이루어질 수 있다고 저자는 확신한다.

제1장에서 저자는 연구를 ?를 !로 바꾸는 과정이라고 정의한 바 있다. 이제 이 장의 논의를 마치기 전에 저자는 저자가 생각하는 '연구란 무엇인가?'라는 질문에 대한 다음과 같은 또 한 가지 버전의 답을 소개하고자 한다. 이 정의는 아마도 현재 연구하는 방법을 배우는 과정에 있는 연구자들에게 (특히 박사과정 연구자들에게) 이전 버전의 정의보다 좀 더 현실적인 도움이 될 것이라고 생각한다.

> 연구란 어떤 특정 주제에 관한 자신만의 QR 코드를 만들어 가는 과정이다.

얼마나 풍성한 QR 코드를 만들지는 연구자 각자의 의지와 역량에 따라 다르다. 그러나 한 가지는 분명한 것 같다. 잘 자란 풍성한 한 그루의 인스타그램을 만들기까지는 많은 시간이 걸린다는 것이다. 하루아침에 자신의 눈앞에 인스타그램을 만들어 내릴 수 있는 마법의 씨앗을 저자도 찾아봤지만 없는 것 같다. 마법 씨앗 찾기는 포기했지만 그래도 모든 연구자는 마음 한구석에 미련을 갖는다. 연구자의 DNA가 그런 모양이다. 그렇더라도 막 자라기 시작한 나무를 조금이라도 빨리 자라게 하려고 무리하게 잡아당기다 뿌리째 뽑아 버리는 어리석음 범하기보다는 끊임없이 보살피면서 기다리는 것이 훨씬 빠른 길임을 경험자로서 충고하고자 한다.

9

원하는 지식을 어떻게 얻을 것인가?

"안녕하세요?"

"안녕하세요! 또 뵙게 되었네요."

"일전에 하신다던 연구는 잘 진행되고 있나요?"

"아! 그거요…… 다른 것은 말고 그저 연구비만 좀 있으면 그 분야 전문가들로부터 아이디어를 얻은 다음, 쓸 만한 2차 자료만 있다면 분석할 줄 아는 사람에게 분석만 좀 하라고 한 다음, 글 좀 잘 쓰는 사람에게 초안만 잡아 보라고 하면 되는데 글쎄 연구계획서 좀 써 보라고 시킬 학생이 없지 뭡니까."

"아! 그렇군요…… 아 참! 지난번에 말씀해 주셨는데 잊었네요. 어느 대학에서 학위를 받으셨다고 하셨지요?

자신이 얻고자 하는 지식의 내용을 연구질문·가설로 표현한 다음에 문헌고찰 III을 거치고 나면 이제 연구자는 [그림 4-1]에 제시된 연구단계들 중 7번째 단계인 연구방법단계로 접어들게 된다. 이 단계에서 연구자가 해야 하는 것은 자신이 얻고자 하는 지식을 얻을 수 있는 방법을 찾는 것이다. 이때 만일 연구자가 설정한 연구질문·가설이 누가 언제 읽더라도 오해의 여지가 없을 만큼 충분히 명료하다면 얻고자 하는 지식을 얻을 수 있는 연구방법을 찾는 과정은 매우 수월해진다. 왜냐하면 명료하게 표현된 연구질문·가설에는 필요한 지식의 종류와 내용, 그리고 지식을 얻기 위해 연구해야 할 대상의 종류와 단위가 어느 정도는 제시되어 있기 때문이다. 즉, 연구질문·가

설문이 명료하게 표현되어 있다면 연구자는 이미

어떤 목적에서 무엇에 관한 지식이 필요한가?	[9-1]

라는 질문에 대한 답을 가지고 있는 상태라는 것이다. 그럼 이제 연구방법 단계에서는 다음과 같은 사항 등을 결정하되[1)]

• 연구대상의 종류와 단위	• 개념을 관찰하기 위한 변수와 측도	[9-2]
• 자료의 종류 및 수집방법	• 자료분석방법	

다음의 조건을 만족하도록 결정한다면

[9-2]의 각 사항에 관한 결정이 [9-1]에 대한 답과 논리적 일관성을 가져야 한다.

연구자는 자신이 얻고자 하는 지식을 얻을 수 있는 연구방법을 큰 어려움 없이 찾을 수 있다.

이쯤이면 아마도 독자들 가운데 어떤 사람은 '연구방법을 정하는 것이 생각했던 것보다 쉽다'는 생각을 할 것이다. 물론 그렇다. 그리고 당연히 그래야만 한다. 단, 다시 강조하건대 연구자가 먼저 [9-1]에 대한 답을 찾은 다음에 그 답과 논리적 일관성을 갖도록 [9-2]의 각 사항에 대한 결정을 내릴 때에만 그렇다. 만일 연구자가 질문 [9-1]에 대한 답을 가지고 있지 않다면 연구방법을 찾는 과정은 결코 수월할 수 없다. 왜냐하면 '왜'와 '무엇을'을 모르는 상태에서는 '어떻게'를 논한다는 것이 한마디로 말해서 무의미하기 때문에 '어떻게'에 대한 타당한 답을 찾을 수 없기 때문이다. 이러한 논리에서 '어떻게'에 대한 답을 찾을 수 있는지 여부는 '왜 무엇을'에 대한 명확한 답

---

1) 이 책은 [9-2]의 각 사항의 내용이 무엇이고, 각 사항에 관한 결정을 내린다는 것이 무엇을 의미하는지를 설명하는 책이 아니라 연구자가 [9-2]에 관한 결정을 내릴 때 비판적으로 생각해 봐야 할 것들을 제시하는 데 초점을 맞춘 책이다. [9-2]의 각 사항에 관한 자세한 설명은 유태균 역(2020), 유태균 외 공역(2016), 유태균 역(2001) 등을 참조하기 바란다.

을 가지고 있는지 여부에 달려 있다는 사실을 다시 한 번 분명하게 이해할 수 있어야 한다.

본 저자는 연구자들이 연구방법을 찾는 과정에서 겪게 되는 여러 가지 어려움은 크게 볼 때 두 가지 이유에서 비롯된다고 생각한다. 그 가운데 한 가지가 바로 '왜 무엇을'에 대한 분명한 답을 가지지 못한 상태에서 '어떻게'에 대한 답을 찾고자 하기 때문이다. 이 경우는 그나마 연구의 전반부 단계로 되돌아가서 '왜 무엇을'에 대한 답을 찾는 과정을 반복해야 한다는 처방을 내릴 수 있는 경우이므로 그다지 크게 우려하지는 않아도 되는 경우라고 할 수 있다.

또 한 가지 이유는 연구자들이 연구방법을 찾는 과정에서 이하에서 설명하고자 하는 몇 가지 오류를 범하기 때문이다. 이 경우에는 연구자 스스로가 '내가 하고 있는 것이 잘못된 것이구나'라는 생각을 여간해서는 하지 못하기 때문에 첫 번째 이유에 비해 적절한 처방을 제시하더라도 연구자가 그러한 처방을 받아들이기보다는 저항을 보이기 쉽기 때문에 문제를 해결하는 것이 더 어려워지곤 한다.

연구방법을 찾는 과정에서 연구자는 '어떻게'에 관한 지극히 부분적인 지식을 연구의 출발점으로 삼아 '어떻게'를 먼저 정해 놓은 상태에서 연구의 '왜 무엇을'을 정하는 오류를 범하지 않도록 주의해야 한다. 한마디로 말해서 이러한 오류는 연구의 논리적 사고 순서를 완전히 뒤바꾸는 것이다. 이러한 오류는 경험이 많지 않은 연구자들이 특정 자료분석 기법이나 특정 측정도구에 매료될 때 종종 발생한다.

이러한 오류의 대표적인 예로는 앞서 제6장에서 언급한 바와 같이, ~ 분석방법을 이용한 ~연구라는 제목을 가진 연구들을 꼽을 수 있다. 예를 들면, '제가 하고자 하는 연구는 구조방정식모형을 이용한 연구입니다'라는 확신의 수준을 넘어서서 강한 자부심까지 물씬 풍기는 연구자들의 말을 들으면서 '도대체 누구에 의해서 어떤 쇠뇌를 당했기에 이런 말을 할까?'라는 생각을 하게 되는 현실이 바로 이러한 오류가 연구자들 사이에서 얼마나 만연해 있는지를 말해 주는 좋은 예라고 할 수 있다.

연구자가 경계해야 할 또 한 가지 오류는 '척도가 있다면 무엇이든 측정할 수 있다'고 생각하는 오류이다. 저자는 사회복지학 연구자들이 지난 수년 동안 다음과 같은 생각에 척도가 있다.
따라서 측정할 수 있다.
따라서 원하면 어떤 지식이든 얻을 수 있다.

점점 더 깊이 빠져들다가 최근에는 이러한 생각을 사회복지학계 내에 하나의 종교로 발전시킨 것 같다는 느낌을 받는다. 이 종교의 공식적인 명칭은 아직 알려지지 않았지만 '척도 구원교'가 이 종교의 본질을 가장 잘 대변하는 명칭인 것 같다. 이 종교의 핵심 교리는 '척도에 대한 절대적인 믿음을 가진 연구자는 성공적 연구라는 구원의 길로 들어서지만, 척도에 대한 절대적인 믿음이 없는 연구자는 아무것도 할 수 없다'인 것 같다. 이 종교에 심취한 연구자들은 다른 어떤 것보다 척도의 존재 여부를 확인하는 것이 연구의 첫 출발점이 되어야 한다고 믿고 있으며, 실제로 이러한 교리를 연구자로서 그리고 멘토로서의 자신의 삶 속에서 성실하게 행동으로 옮긴다.

이 종교로 인해 우리는 두 가지 심각한 문제적 상황에 직면하게 되었다. 그 가운데 하나는 이미 존재하는 척도의 타당성을 의심하는 행위는 유한한 존재인 연구자가 고작 이성을 가지고 신성한 척도의 권위에 도전하려는 행위로 인식되는 것이다. 즉, 존재하는 척도의 타당성은 절대적인 바, '어떻게'라는 질문의 핵심인 척도가 타당한 이상 그로부터 파생된 '왜 무엇을'이라는 질문에 대한 답은 당연히 타당하다고 봐야 하거나 타당성을 논할 필요조차 없다고 보는 것이다.

두 번째 문제는 공공부문으로부터 연구비를 지원 받은 대가로 '무비판 대량 생산'이라는 학문적 포디즘의 선봉에 서게 된 연구자들의 노력에 의해서, 그리고 지식은 없지만 가르치고는 싶은 연구자들의 노력에 의해서 이러한 교리가 학문적 후속 세대로 매우 빠르게 전파되면서 후속 세대 연구자들 가운데 적지 않은 수가 다음과 같은

척도를 구하는 것 = 연구방법을 찾는 것

경악을 금치 못할 생각을 갖게 된 것이다. 본 저자에게 있어서 이 두 가지 문제는 반드시 그리고 최우선적으로 해결되어야 할 문제이며, 문제해결을 위한 첫걸음은 인내심을 가지고 모든 연구자에게 '이 척도가 무엇을 측정할 수 있다고 생각하는가?'라는

질문을 연구에 앞서 반드시 스스로에게 던져 봐야만 한다는 것을 가르치는 것이라고 확신한다.

연구자들이 경계해야 할 또 한 가지 오류는 '서로 다른 용어로 표현되는 것들 간에는 항상 본질적 차이가 존재한다'고 생각하는 오류이다. 다음과 같은 예를 통해서 이 말의 의미를 함께 생각해 보기로 하자.[2)]

옛날 어느 왕국에 지루한 것을 참지 못하는 왕이 있었다. 지루함 때문에 고통받던 왕은 '누구든지 왕궁에 들어와 살면서 매일 아침 왕에게 새롭고 신기한 것을 한 가지씩 말해 주는 사람에게는 매일 금화 100냥을 줄 것이다. 단, 하루라도 이미 말했던 것을 또 다시 말해서 왕을 지루하게 하면 사형에 처하겠다'는 방을 전국 방방곡곡에 붙이도록 명했다. 방이 붙고 나서 얼마 지나지 않아 한 젊은이가 왕 앞에 나타나서 자신이 바로 왕이 찾는 사람이라고 말했다. 왕은 두말하지 않고 젊은이를 바로 그날부터 왕궁에 머물게 했다.

다음 날 아침 왕은 해가 뜨자마자 신하들을 모이게 한 다음 젊은이를 불러 신기한 것을 소개하라고 명했다. 왕의 재촉을 못 이긴 젊은이는 왕에게 '빈곤'이라는 개념을 소개했다. 한 번도 빈곤해 본 적이 없는 왕은 빈곤이라는 개념을 알게 되자 너무도 기뻐했다. 다음 날 아침 왕은 또 다시 젊은이를 불렀다. 왕과 신하들 앞에 불려 나온 젊은이는 '가난'이라는 개념을 왕에게 소개했고, 다음 날에는 '자원의 결핍'을, 그다음 날에는 '궁핍'을, 그다음 날에는 '곤궁'을 소개했다. 날마다 소개되는 새로운 개념은 끝없이 이어졌다. 왕궁에 들어온 지 수개월이 지난 어느 날, 지루함을 느낀 젊은이는 왕에게 '자기효능감'이라는 개념을 소개했다. 왕은 언제나처럼 기뻐했다. 그리고 그다음 날에는 '상황에 대한 통제력'을, 그다음 날에는 '자신의 능력에 대한 자신감'을…….

그러던 어느 날, 신하들 가운데 한 사람이 왕과 젊은이에게 '혹시 이제까지 소개된 개념들이 서로 다른 것 같아 보이지만 사실은 두 개가 아닌가요?'라는 질문

2) 많은 독자가 이미 알아차린 것처럼, 이 예는 우리 모두가 어린 시절에 한 번 쯤은 읽어 보았던 〈아라비안나이트(Alf laylah wa laylah)〉로부터 영감을 얻어 만든 예이다. 만일 샤리아르 왕에게 천 일 밤 동안 끊임없이 신비로운 이야기를 들려 준 세헤라자드가 실존 인물이라면, 물론 〈아라비안나이트〉에 나오는 많은 이야기가 중동 지역과 그리스 지역에서 오래전부터 구전되어 내려오던 이야기들이 세헤라자드의 입을 빌어 소개된 것임을 감안하더라도 그녀야말로 인류 역사상 가장 창의적이었던 사람 가운데 한 명이라는 생각을 하지 않을 수 없다.

을 조심스럽게 던졌다. 젊은이는 조금도 당황하지 않고 오히려 기다렸다는 듯이 왕에게 '현명하신 폐하! 만일 제가 이제까지 폐하께 소개해 드린 개념들이 모두 같은 것이라면 사람들이 왜 같은 것을 그렇게 많은 다른 이름으로 부르겠습니까?'라고 반문했다. 그러고는 왕과 신하에게 '분명히 다른 그 무언가가 있기 때문이겠지요'라고 말했다.

잠시 동안이기는 했지만 자신이 젊은이를 의심했다는 죄책감과 하마터면 내일부터 다시 지루해질 수도 있었다는 소름 끼치는 두려움 때문에 왕은 의문을 제기했던 신하를 당장 밖으로 끌고 나가 참수하라는 명령을 내렸다. 그 이후로는 어느 누구도 왕 앞에서 젊은이에 대해 아무런 말을 하지 않았다. 왕은 매일 매일을 즐겁게 보냈고, 젊은이는 점점 더 많은 부와 권력을 얻어 갔다. 그리고 왠지 모르지만 한 명씩 한 명씩 신하들과 백성들은 조용히 왕국을 떠나기 시작했다.

일반적으로 우리는 본질적인 차이가 존재하는 서로 다른 개념은 당연히 서로 다른 용어로 표현되어야 한다는 데 동의한다. 그런데 그 반대는 어떨까? 즉, '서로 다른 용어로 불리고 있는 여러 가지 개념은 모두 본질적으로 다른 개념인가?' 이 질문을 대하게 될 때, 우리는 우리 자신을 왕에게 매일 새로운(?) 이야기를 들려 준 젊은이의 편에 세울 수도 있고 왕 앞에서 자신의 의견을 고한 신하의 편에 세울 수도 있다. 결국 우리 각자의 생각은 얼마든지 다를 수 있기 때문이다. 그러나 만일 다음과 같은 상황을 접하게 된다면 우리가 누구의 편에 서야 할지는 분명해야 할 것이다.

개념0은 A, B, C라는 세 가지 하위 개념으로 구성된 복합적인 개념이다. 개념0이라는 용어는 최근에 사용되기 시작한 개념이다. 하위 개념 가운데 하나인 A는 개념1이라는 용어로, B는 개념2라는 용어로, 그리고 C는 개념3이라는 용어로 오래전에 이미 소개된 개념들이다. 어떤 연구자가 새로운 개념인 개념0에 영향을 미치는 요인이 무엇인지 알아보고자 개념0을 종속변수로 하고 개념0에 영향을 미칠 것이라고 생각되는 여러 변수를 독립변수로 하여 다중회귀분석을 실시한다. 이때 물론 A, B, C는 모두 독립변수로 분석에 포함된다. 다중회귀분석을 실시한 결과, A, B, 그리고 C 모두가 개념0에 유의한 수준의 영향을 미치는 변수로 나타난다.

연구자들은 종종 자기도 모르는 사이에 99.9%가 동일하지만 .1%의 본질적인 차이가 존재하기 때문에 서로 다른 용어로 불리는 두 개념을 각각의 개념을 측정하는 서로 다른 이름을 가진 척도가 존재한다는 이유만으로 마치 완전히 다른 개념인 것처럼 생각하는 오류를 범한다. 이는 마치 어떤 개념을 한 번은 '키'라고 부르고 또 한 번은 '신장'이라고 부르고는 키와 신장이라는 두 변수 간의 관계를 연구하는 것과 마찬가지라고 하겠다. 앞의 예에서 다중회귀분석의 결과가 어떻게 나올지는 분석을 실제로 하지 않더라도 얼마든지 예측할 수 있다. 당연히 A, B, C 모두는 개념0에 대해서 높은 설명력을 갖는 변수로 나타날 것이다. 왜냐하면 개념0은 A, B, C로 구성된 개념이기 때문이다. 설령 전체가 부분의 단순 합과 다를지라도 다중회귀분석 결과 A, B, C 외에 다른 어떤 변수 X가 개념0에 영향을 미치는 것으로 나타날 가능성은 매우 희박하다. 왜냐하면 개념0은 A, B, C로 이루어진 개념이기 때문에 변수 X가 개념0에 영향을 미친다면 변수 X는 반드시 A, B, C 중에서 적어도 어느 하나에 영향을 미칠 것이기 때문에 변수 X의 개념0에 대한 설명력은 A, B, C의 존재에 의해서 모두 설명되어 버리기 때문이다.

한마디로 말해서 앞의 예와 같은 연구는 연구로서의 가치를 찾아보기 힘든 연구이다. 그럼에도 불구하고 우리가 앞의 예와 같은 연구들을 심심치 않게 접하게 되는 이유는 무엇인가? 저자에게 있어서 이 질문에 대한 답은 매우 분명하다. 다음과 같은 생각 때문이다.

> 뭔지는 모르지만 분명이 다른 어떤 차이가 존재한다고 믿기 때문에 어쨌든 다르다 또는 달라야만 한다.

이러한 생각은 달리 표현하자면

> 당신의 말은 틀린 것 같다. 그러나 당신이 왜 틀린지 또는 내가 왜 옳은지는 모른다.

라는 생각과 다를 바가 없다. 어떤 이유에서든지 스스로를 이러한 생각 앞에 들어다 바친 연구자들에게 있어서 개념0과 A, B, C는 전혀 다른 개념으로 인식된다. 연구자로서 우리는 우리가 바로 앞의 예에 소개되었던 '어리석은 왕'이 될 수 있음을 경계해야 한다. 아울러 '왜 무엇을'로부터 '어떻게'로 이어지는 논리적 사고 과정의 산물로서의 연구와 달리 '용어의 신선함'과 '척도의 존재'를 출발점으로 삼는 연구가 얼마나 우스꽝스러운 결과를 초래할 수 있는지에 대해서 다시 한 번 심각하게 생각해 볼 필요가 있다.

연구방법에 대해서 고민하는 과정에서 연구자는 자칫 연구의 목적보다 연구의 용이성을 우선시하는 또 한 가지 오류를 범하지 않도록 경계해야 한다. 이 오류는 부분적으로는 앞서 소개했던 '척도만 있다면 무엇이든 측정할 수 있다'라는 잘못된 생각에서 비롯된다. 이 오류에 대한 보다 자세한 설명을 위해서 먼저 다음과 같은 세 가지 개념

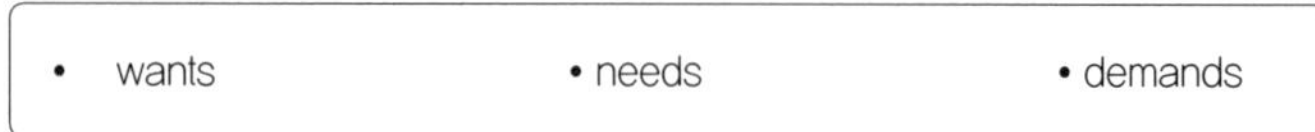

을 비교해 보기로 하자. '필요한 것' 또는 '원하는 것'이라는 뜻의 wants는 말 그대로 현실적으로 가질 수 있는지 또는 할 수 있는지 여부를 고려하지 않은 상태에서의 바람이다. 특정 스포츠카를 가지고 싶다거나, 운동을 잘하고 싶다거나, 연예인과 같은 얼굴을 가지고 싶다는 것은 실제로 그렇게 할 수 있는지 여부와는 무관하게 누구나 한 번쯤은 가져봄직한 바람이다. 이에 비해서 needs는 적절하다고 판단되는 수준 또는 정도의 필요를 말한다.

이때 무엇이 얼마나 필요하다는 판단은 필요를 느끼는 당사자가 내리기도 하지만 주로 전문가라고 불리는 사람들에 의해서 내려진다. 예를 들면, 정지 상태에서 시속 100km까지 속도를 내는 데 3초가 채 걸리지 않는 고성능 스포츠카가 있어야 한다는 것, 마라톤에서 2시간의 벽을 깨뜨리고 싶다는 것, 영화배우와 같은 외모를 갖고 싶다는 것이 wants라면 자동차가 필요한 것이지 꼭 레이싱카가 필요한 것은 아니며, 여러 가지를 고려해 볼 때 배기량 1800cc 정도의 승용차가 가장 적당하다는 것, 나이와 건강 상태를 고려해 볼 때 일주일에 3회 정도 1시간씩 5km 정도를 뛰는 것이 적당하다는 것, 눈썹이 안구를 찌르지 않도록 쌍꺼풀을 만드는 수술이 필요하다는 것은

needs이다. 물론 그렇다고 해서 wants가 항상 실현될 수 없는 꿈이라는 것은 아니며, 때로는 wants와 needs가 일치할 수도 있다.

마지막으로 demands는 wants나 needs라고 정의된 필요 또는 욕구 가운데 '~하기 위해서 치러야 하는 대가'라는 현실적 제약하에서 실제로 충족시킨 필요 또는 욕구를 말한다. 예를 들어, 레이싱카를 원하지만 실제로 구입한 자동차는 소형차일 수 있고, 마라톤보다는 일주일에 한 번 정도 동네를 산책하는 것이 실제로 할 수 있는 운동일 수 있으며, 성형수술이 아니라 몇 개의 점을 빼는 것이 실제로 충족된 필요 또는 욕구일 때 우리는 그것을 demands라고 부른다.

이 세 가지 개념에 대한 이해를 바탕으로 이제 다음과 같은 질문을 한번 생각해 보자.

> 사회복지실천, 즉 사회복지 증진을 위해 계획된 변화를 이끌어 내기 위해 노력할 때 우리가 근거로 삼을 수 있는 정보는 wants, needs, 그리고 demands 중 어느 것인가?

이 질문에 대한 답은 두말 할 나위 없이 'wants보다는 needs 또는 demands에 관한 정보에 근거해야 한다'이며, 좀 더 보수적으로 생각한다면 그중에서도 'needs보다는 demands에 관한 정보에 근거해야 한다'이어야 한다. '그런데 반드시 그렇다고는 볼 수 없지 않은가?'라는 생각을 하는 독자가 있다면 이런 상황을 한번 생각해 볼 것을 제안한다. 자신이 어떤 중요한 일을 맡아 하게 될 사람을 뽑아야 한다고 가정해 보자. 그 일을 하겠다고 나선 3명의 지원자에게 '왜 자신이 이 일에 적임자라고 생각합니까?'라는 질문을 던졌을 때 한 사람은 '저는 평소 이 일을 꼭 해 보고 싶었습니다'라고 답하고, 또 한 사람은 '저는 이 일을 잘할 수 있다고 생각합니다'라고 답하고, 나머지 한 사람은 '저는 이 일과 관련된 ~자격증을 가지고 있습니다'라고 답한다면 누구를 선택하겠는가?

바람이나 의욕은 의식 차원의 정보이지만, 자격증은 바람이나 의욕을 구체적인 행동으로 옮겨 얻은 구체적인 결과물이다. 의식 차원의 정보가 아니라 행동 차원의 정보에 근거하여 무언가를 결정할 때 우리는 자원 제약하에서 내려지는 모든 결정에 뒤따르는 기회비용(opportunity cost)과 매몰비용(sunk cost)을 낮출 수 있는 가능성을 높일 수 있다. 사회 구성원 다수의 삶에 영향을 미치게 될 정책이라고 불리는 계획된 변화를 일으키기 위한 노력들이 항상 demands에 근거하는 이유는 바로 이 때문이다.

그럼 이제 다음과 같은 세 가지 연구 유형 중 어느 유형의 연구가 현실적 유용성이

- **유형1**: 의식과 의식 간의 관계에 관한 연구
- **유형2**: 의식과 행동 간의 관계에 관한 연구
- **유형3**: 행동과 행동 간의 관계에 관한 연구

가장 높은 지식을 생산할 수 있는 연구일지 한번 생각해 보자. 당연히 유형3의 연구가 유형2나 유형1의 연구보다 현실적 유용성이 높은 지식을 생산할 수 있는 연구이다. 왜냐하면 의식은 wants나 needs이지만, 행동은 demands이기 때문이다.

$$유형1 \leq 유형2 \leq 유형3 \qquad [9-3]$$

한 가지 놀랍기도 하고 안타깝기도 한 사실은 [9-3]의 관계가 사회복지학 연구의 경우에도 예외가 아님에도 불구하고 사회복지학 연구들 중에는 유형1에 해당하는 연구가 항상 '다수'였다는 사실이다. 그렇다면 왜 그토록 '실천 학문'임을 강조하는 사회복지학 내에서 이러한 현상이 나타나는 것일까? 이 질문에 대한 답은 여러 가지가 있을 수 있겠지만 저자가 생각하는 가장 설득력 있는 답은 '유형1의 연구는 인식을 측정하는 척도만 찾으면 되는 연구이기 때문에 유형2나 유형3의 연구에 비해 상대적으로 덜 고민해도 되는 쉬운 연구'이기 때문이다.

연구하고자 하는 관계의 성격상 유형1의 연구는 주로 횡단적, 회고적 또는 후향적(retrospective) 연구이고, 유형2, 유형3으로 갈수록 종단적 또는 전향적(prospective) 연구가 될 가능성이 높아진다. 따라서 유형1보다는 유형2, 유형2보다는 유형3의 연구가 상대적으로 하기 어려운 연구인 것은 사실이다. 그러나 어떤 연구를 할 것인지를 결정하는 데 있어서 연구의 궁극적인 목적(즉, 필요한 지식을 얻는 것)보다 연구하기가 쉬운지 어려운지가 더 중요한 기준이 될 수는 없다.

그럼에도 불구하고 자신에게 맞는 연구방법을 찾아가는 것과 척도의 존재 여부를

확인하는 것을 동일한 것으로 착각하고는 자신이 해야 할 연구의 방향을 현실적 유용성이 가장 낮은 유형1의 연구로 별 다른 고민 없이 쉽게 선회하는 모습이 주로 학위논문을 준비하는 연구자들 사이에서 그리고 대인 또는 대집단 사회복지실천 분야의 연구자들 사이에서 종종 목격된다. 연구를 쉽게 그리고 빨리 마치고 싶다는 유혹에 빠져 연구의 용이성을 연구목적보다 우선시하는 오류를 의식적으로 또는 무의식적으로 범한다는 것은 바로 이러한 경우를 말하는 것이다.

물론 인간이 가진 생각이 과거의 행동을 설명하고 미래의 행동을 예측할 수 있게 해 주는 창임에는 틀림이 없다. 만일 누군가가 그러한 이유에서 유형1에 해당하는 연구들의 가치를 옹호한다면 그러한 입장은 당연히 받아들여야 할 것이다. 그러나 본 저자의 경험에 따르면 그러한 경우는 극히 드물며, 더 나아가서 실제로 행해지는 유형1에 해당하는 많은 연구에서 그러한 주장을 정당화할 만한 근거를 찾아볼 수 있는 경우는 더 드물다. 그럼에도 불구하고 유형1에 해당하는 연구를 하는 것이 왜 문제인지에 대해서 의문을 제기하는 연구자들에게는

> 좋은 연구를 한다는 것은 방법론적 엄격성을 갖춘 올바른 연구방법을 찾은 것이며, 따라서 올바른 연구방법을 찾는 것은 연구문제를 정하는 것 못지않게 중요하며, 연구방법은 절대로 타고나는 것이 아니기 때문에 부단히 배우고 익혀야 하며, 실천학문인 사회복지학을 연구하는 연구자라면 연구목적과 연구의 용이성을 놓고 타협을 하기보다는 현실적 유용성을 가진 지식을 생산하는 것이 중요하다.

는 생각을 한 번쯤 해 볼 것을 당부한다.

연구방법과 관련해서 연구자가 범하기 쉬운 또 한 가지 오류는 직접적인 측정이 어려운 개념을 무리하게 측정하기 위해 부적절한 대리측도(proxy measure)를 사용하는 것이다. 앞서 저자는 척도만 존재한다면 어떤 개념이든 측정할 수 있다는 생각은 잘못된 생각이라는 것을 지적한 바 있는데, 사고의 범위를 조금만 더 넓혀 본다면 어떤 개념을 측정할 수 있는 척도가 존재하지 않는다면 그러한 사실은 그 개념을 측정한다는 것이 여러 가지 이유에서 지극히 어렵거나 불가능하다는 것을 말해 주는 것이라고 볼 수 있다. 만일 상황이 이러하다면 본 저자의 경험에 비추어 볼 때 측정하고자 하는 개념을 간접적으로 측정할 수 있는 적절한 대리측도를 찾는 것 역시 지극히 어

렵거나 불가능하다고 보는 것이 현실적이라고 말할 수 있다.

구체적인 예를 한 가지 들어 보기로 하자. 고부간의 갈등에 관심을 가지고 오랫동안 연구를 진행해 온 어떤 연구자가 고부간의 관계가 갈등 수준을 넘어서서 학대로까지 이어진 가정을 대상으로 고부간의 학대 정도가 가족의 기능에 어떤 영향을 미치는지를 실증적으로 연구하고자 한다고 가정해 보자. 아마도 이 연구자가 직면하게 될 가장 큰 어려움 중 하나는 '어떻게 하면 고부간의 학대 여부 및 정도를 측정할 수 있을까?'라는 질문에 대한 답을 찾는 것이 될 것이다. 오랜 연구 끝에 학대를 측정할 수 있는 척도가 존재하지 않는다는 것을 알게 된 연구자는 대인관계 척도를 대리척도로 사용해야겠다는 결론에 도달하게 되었다고 가정해 보자.

그렇다면 대인관계 척도를 대리측도로 사용하는 것이 문제인가? 이 질문에 대한 답은 '그렇다'이며, 다른 것은 자치하고서라도 다음과 같은 두 가지 것을 그 이유로 제시할 수 있다. 첫째, 연구 대상들에게 대인관계 척도로 측정한 결과를 학대 정도를 나타내는 결과로 간주하고 그 의미를 해석할 것이라는 사실을 미리 알리지 않는다면 대인관계 척도를 사용한 다음 측정 결과를 학대 정도로 해석하는 것은 연구대상을 속이는 것이다. 이는 어떤 이유에서도 인정될 수 없는 비윤리적인 행동이다.

둘째, 만일 연구자가 대인관계 척도를 이용하여 무엇을 측정하고자 하는지를 연구대상들에게 밝힌다면 연구대상들의 응답 내용은 그러한 사실에 의해서 영향을 받지 않을 수 없다. 이 경우, 학대 정도라는 실재를 대인관계 척도라는 대리측도로 측정함으로써 그렇지 않아도 이미 존재하고 또 우려되는 알고자 하는 실재와 관찰된 실재 간의 불일치는 더욱 심화될 수밖에 없다. 이러한 두 가지 이유를 고려해 볼 때 대인관계 척도로 측정한 결과를 바탕으로 할 수 있는 말은 아주 운이 좋다면 기껏해야 다음 정도가 될 것이다.

> 갈등 관계에 있다고 판단되는 며느리와 시어머니들을 대상으로 대인관계를 측정한 결과, 연구대상들의 대인관계는 ~한 것으로 나타났다. …… 이러한 연구결과가 의미하는 바는 고부간의 갈등을 경험하고 있는 며느리와 시어머니들은 대인관계가 일반적으로 ~하다는 것이다. 이러한 연구결과로 미루어 볼 때, 경우에 따라서는 좋지 않은 대인관계가 며느리나 시어머니에 대한 학대로 이어질 수 있는 가능성도 존재할 수 있을 것이라고 짐작해 볼 수 있다.

연구자가 연구하고자 하는 실재가 앞의 예와 같이 비윤리적 또는 부도덕한 것이라는 낙인을 수반하거나 법에 저촉되는 것이어서 직접적인 관찰이 어렵거나 불가능한 경우, 연구자는 자신이 그러한 실재를 관찰하기 위해 사용하려는 대리측도가 과연 적절한 측도인지에 대해서 상당한 주의를 기울여야 한다. 결국 연구대상이 표면적으로 드러내어 보이는 것을 꺼려하는 실재는 대리측도를 사용하더라도 측정할 수 없기는 마찬가지이며, 부적합한 대리측도를 사용하는 것은 오히려 실재를 왜곡되게 이해하는 결과를 초래한다는 것을 이해해야 한다.

이상에서 한 논의를 좀 더 발전적인 것으로 만들기 위해서 저자는 혹시라도 어떤 독자가 마음속에 떠올렸을지도 모르는 '그렇다면 차별, 편견, 학대, 왕따 등과 같은 실재는 어떤 방법으로 측정해야 하는가?'라는 질문에 대한 답을 제시해야만 할 것 같다. 직접적인 관찰이 불가능한 차별, 편견, 학대, 왕따의 정도를 양적으로 측정할 수 있다는 생각만 버리면 된다. 즉, 양적 측정이라는 무리한 접근을 고집하면서 부적합한 대리측도를 사용함으로써 실재를 왜곡되게 이해하거나 연구대상을 기만하기 보다는 차별, 편견, 학대, 왕따가 어떤 방식으로 어떻게 그리고 실제로 이루어지고 있는지를 이해하기 위해 질적 연구를 행하는 것이 더 타당할 뿐만 아니라 더 현명한 선택이다.

마지막으로 연구방법과 관련해서 연구자가 경계해야 할 또 한 가지 오류는 자신이 선택한 연구방법이 기존 연구들이 가진 방법론적 문제를 극복할 수 있는 연구방법이라는 착각에 빠지는 것이다. 이러한 오류는 자칫 경험이 많지 않은 연구자들이 자신이 연구를 위해 행한 어떤 구체적인 행동이 상식적인 차원에서 당연히 행해지는 행동이라는 사실을 모를 때 종종 발생한다. 다음은 이러한 오류가 어떤 것인지를 보여 주는 가상적인 예이다.

A: 문헌고찰 결과, 성인 자녀를 둔 혼자된 노인들의 성적 욕구에 관한 선행연구들이 가지고 있는 가장 큰 문제 가운데 하나는 노인들의 성적 욕구를 측정하기 위해 개발된 조사도구들의 내용이 규범적 혹은 사회적으로 바람직한 답 이상의 것을 얻기 어렵다는 것입니다. 다시 말해서 성욕이나 성생활이라는 주제의 성격상 기존 연구들이 사용했던 조사도구를 가지고는 연구대상이 가진 성적 욕구를 올바르게 파악

했다고 보기 어렵다는 것이지요.

B: 그렇다면 연구자는 선행연구들이 가지고 있는 그러한 제한점을 이 연구에서 어떻게 극복하고자 했는지 말씀해 주시겠습니까?

A: 네. 이 연구에서 저는 노인복지관에서 일정 기간 이상 노인들을 대했던 경험을 가진 3명의 사회복지사에게 제가 개발한 설문 문항들의 액면타당도를 검증하게 하는 과정을 거쳤습니다. 연구자에 따라서는 액면타당도를 표면타당도라고 부르기도 하지요.

B: 그렇습니까? 그 말은 기존 연구들 중에는 조사도구의 문항에 대한 액면타당도를 검증하는 과정을 거친 연구가 없었다는 것인가요? 아울러 연구자가 인식한 선행연구들의 한계가 '규범적인 답밖에 얻을 수 없는 설문 문항'이라는 점을 고려해 볼 때 왜 특별히 액면타당도를 검증해야 한다는 생각을 하셨는지에 대해서도 말씀해 주시겠습니까?

A: 제가 고찰한 연구들 가운데 단 한 연구를 제외하고는 어떤 연구에서도 '조사도구의 액면타당도를 검증했다'라고 밝힌 문헌은 없었습니다.

B: 그 한 편의 예외적인 연구에서는 어떤 타당도를 검증했나요?

A: 아! 내용타당도입니다. 그 연구를 제외한 나머지 연구들에서는 개발된 조사도구를 가지고 예비 조사를 하기에 앞서 사람들에게 설문지 내용을 읽어 보게 한 것이 전부였습니다.

B: 그러니까 예비 조사에 앞서 사람들에게 조사도구 문항을 읽어 보게 했다는 말은 있지만 액면타당도를 검증했다는 말은 없다는 것이군요. 그래서 연구자는 이 연구에서 조사도구의 '액면타당도'를 검증한다면 선행연구들의 한계를 극복할 수 있을 것이라고 생각하고 있다는 것이군요.

A: 바로 그렇습니다.

B: 그런데 말이지요, 우리가 '액면타당도'라고 할 때 무엇을 말하는지는 아시는지 궁금하네요.

또한 연구자들은 자칫 자신이 선택한 연구방법이 기존 연구들이 가진 특정 방법론적 문제는 해결하는 대신 새로운 방법론적 문제를 야기할 수 있다는 점을 인식하지 못하기도 한다. 다음과 같은 가상적인 예를 통해서 이러한 오류가 무엇인지 이해해 보자.

A: …… 기존의 연구들은 일반적으로 지난 10년 동안의 자료만을 바탕으로 종속변수와 연구독립변수 간의 관계를 파악하고자 시도하고 있습니다. 그러나 법 제정 이후 제도가 시행되어 연구독립변수가 종속변수에 가시적인 영향을 미치기 시작한 것은 10년 전부터이지만 실질적인 영향을 미치기 시작한 것은 제도가 만들어지기 훨씬 이전부터라고 보는 것이 타당하다고 생각합니다. 따라서 자료의 범위를 지난 10년만으로 제한하는 경우에 자칫 연구독립변수가 종속변수에 오래전부터 영향을 미치다가 경제 위기라는 외적 요인들에 의해서 연구독립변수가 종속변수에 미치는 영향이 점차 감소하기 시작한 이후 시점에 해당하는 자료만을 바탕으로 두 변수 간의 관계를 분석하는 오류를 범할 가능성이 존재한다고 생각합니다. 따라서 선행연구들의 제한점을 극복하고자 자료의 범위를 20년 전까지로 거슬러 올라감으로써 연구독립변수가 종속변수에 끼치는 영향을 올바르게 이해해야 한다는 것이 제 주장입니다.

B: 매우 흥미로운 주장입니다. 그런데 한 가지 묻고 싶은 것은 그렇다면 왜 선행연구들은 한결같이 지난 10년에 해당하는 자료만을 바탕으로 종속변수와 연구독립변수 간의 관계를 고찰하고자 시도했을까요? 다시 말해서 지난 20년 동안으로 자료의 범위를 확대할 수 없었던 이유가 있는 것은 아닌가요?

A: 글쎄요. 저 또한 그 점이 다소 궁금하기는 합니다만 제가 고찰한 문헌에서는 어떤 뚜렷한 이유를 아직 찾지 못했습니다.

B: 제가 알기로는 연구자가 분석모형에 통제를 목적으로 포함시킨 통제독립변수들 중 연구자가 특히 중요하다고 강조하고 있는 2개 변수에 대한 자료는 이미 제도 시행 시점부터 수집되기 시작했고, 또 다른 2개 변수의 경우에는 자료를 집계할 때 포함되는 항목의 범위가 지속적으로 바뀌어 온 것으로 알고 있습니다. 이러한 사실이 연구자의 주장대로 자료의 범위를 20년으로 확대할 때 무엇을 의미하게 될까요?

A: ?

B: 아마도 우리가 방금 나눈 대화 내용에서 곧 연구자 스스로가 제 질문에 대한 답을 찾을 것 같다는 생각이 드는군요. 무언가를 얻기 위해서 무언가를 잃어야만 한다면 잃는 것에 비해 얻는 것의 상대적인 가치가 얼마나 큰지 한 번쯤은 생각해 볼 필요가 있지 않을까요?

앞의 두 가지 예는 자칫 자신의 연구가 기존의 연구들과 차별성을 가져야 한다는 생각에서 지나치게 집착할 때 차별성이라고 할 수 없는 어떤 것을 차별성이라고 생각하게 되는 경우이다. 이러한 일종의 자기최면에 빠지게 되면 연구자는 제삼자가 보기에는 어처구니없다고 느낄 만큼 명백한 오류를 범하면서도 자신이 오류를 범하고 있다는 사실을 인식하지 못하기도 한다.

독자들 중 분명히 어떤 사람들은 과연 앞의 예와 같은 오류를 범하는 연구자가 실제로 있을까? 라는 생각을 할지도 모르겠다. 흥미로운 사실은 일단 연구자가 이러한 자기최면에 빠지고 나면 누군가의 도움 없이 스스로 그러한 최면상태에서 깨어나기는 정말 힘들다는 것이다.[3] 사실 그러한 최면상태에서 깨어나고 싶어 하지 않는 경우도 종종 목격된다. 그렇기 때문에 최면상태에 빠진 연구자에 대해서 사후 개입을 하기보다는 예방 차원의 노력을 기울이는 것이 훨씬 낫다는 것이 경험(그런 최면상태에 빠져 보기도 했고, 빠져 있는 사람들을 지켜 보기도 했던)에 근거한 저자의 생각이다. 저자가 제시할 수 있는 역시 경험을 통해 터득한 유일한 예방책은 연구방법을 찾는 과정에서 (더 정확하게 말하자면 연구의 모든 과정에서) 만일 오늘 한 걸음 다가서서 자신의 연구를 바라봤다면 내일은 두 걸음 뒤로 물러서서 자신의 논리를 다시 더 객관적인 관점에서 바라봐야만 한다는 것을 항상 기억하고 실천에 옮기는 것이다.

3) 만일 자신이 알고 있는 친한 연구자에게 '지금 당신이 그러한 최면상태에 빠져 있습니다'라는 지적을 하고자 하는 사람이 있다면 그러한 지적을 하기에 앞서 친구를 잃을 수도 있다는 가능성과 자신이 어느 정도 용기 있는 사람인지에 대해서 꼭 먼저 생각해 보기 바란다.

제 4 부

글로 옮기기

10

글쓰기? 사고한 것을 글로 옮기기!

“연구자와 영화감독과 건축가와 조각가와 요리사는 한 가지 공통점을 가지고 있습니다.”

“어떤 공통점인가요?”

“모두 새로운 것을 만들어서 사람들에게 보여 주고 싶어 하는 사람들이라는 것이지요.”

“그런가요?”

“아! 사실 공통점이 또 하나 있군요. 연구자와 영화감독과 건축가와 요리사 모두 자신이 실제로 무언가를 만들기 전에 머릿속에 그 무언가를 먼저 만든다는 공통점을 가지고 있습니다. 그런 다음 그들은 자신의 몸을 시켜서 그것을 어떤 모습으로 표현하게 할 뿐이지요.

“그러네요. 그런데 그 공통점은 연구자와 영화감독과 건축가와 조각가와 요리사뿐만 아니라 무언가 새로운 것을 창조하는 모든 사람이 가진 공통점인 것 같네요.”

외국어를 배우는 사람들은 종종 ‘듣는 것은 어느 정도 듣겠는데, 말을 하려고 하면 못하겠다’ ‘읽는 것은 문제가 없는데, 똑같이 글을 쓰려고 하거나 말을 하려고 하면 못하겠다’라는 말을 하곤 한다. 저자도 똑같은 경험을 해 봤고, 요즘도 그런 경험을 종종 하고 있다. 그런 말을 들을 때 어떤 사람들은 ‘완벽하게 듣지 못하니까 말을 못하는 것이지'라고 그 이유를 설명하면서 '어린아이들이 언어를 배우는 과정을 보면 알 수 있지'라는 말을 한다. 틀린 말은 아니다. 그러나 저자가 생각하는 이유는 '완벽하게 듣지 못해서'가 아니라 외국어를 배우는 사람이 해당 언어를 모국어로 사용하는 사람들이 사고하는 방식대로 '사고하지 않아서'이다.

논문이라고 부르는 학술적인 글을 '쓰려고 할 때' 사람들은 종종 이런 말을 한다. '연구질문·가설도 있고, 자료도 이 정도이면 충분히 수집하고, 정리하고, 읽기도 많이 읽었는데 글쓰기가 정말 안 됩니다.' 똑같은 경험을 저자도 해 봤고, 지금도 하고 있고, 아마 앞으로도 계속할 것이다. 저자가 생각하는 이유는 역시 분명하다. '충분히 사고하지 않아서'이다. 도대체 무슨 말을 하고자 하는 것인지 궁금해 할 독자들을 위해서 이 장의 결론을 먼저 말하면 다음과 같다.

> 글쓰기는 글을 쓰는 행위가 아니라 사고하고 정리한 내용을 글로 옮기는 행위이다.

글쓰기가 어렵다고 느끼는 사람은 사고하는 훈련을 해야 한다. 저자는 스스로를 보면서 그리고 논문을 쓰기 위해 고군분투하는 동료 연구자들을 보면서 스토리보드 만들기가 가장 좋은 훈련이라는 결론을 얻었다. 인터넷 검색창에 스토리보드를 입력하면 엄청난 양의 관련 정보를 찾을 수 있는데, 사람들이 인터넷에 올려놓은 정보들 중 공통되는 내용을 뽑아 보면 우리는 스토리보드를 대략

> 영화나 광고물을 만들기 전에 먼저 만드는 것,
> 영상을 제작하기 전에 전체적인 점검을 위해 만드는 것,
> 영상이나 스토리가 어떻게 전개되고 흘러갈지를 이해하기 위해서 만드는 것,
> 문서 또는 일련의 스케치

라고 개념화할 수 있다. 저자가 보기에 연구자와 영화감독과 건축가와 요리사는 한 가지 공통점을 가지고 있다. 연구자는 논문을 쓰기 전에, 영화감독은 영화를 찍기 전에, 건축가는 건물을 짓기 전에, 요리사는 요리를 만들기 전에 자신이 만들어 세상에 보여 줄 논문과 영화와 건물과 요리가 어떤 것이 될지를 이미 머릿속에 그릴 수 있고,

자신 외의 사람들에게 표현해 보여 줄 수 있다. 영화감독과 건축가와 요리사는 자신이 사고하고 결정하는 과정을 (우리는 흔히 이 과정을 경험이라고 표현하지만) 통해 얻은 결과를 각각 스토리보드, 설계도, 요리책이라는 형식의 텍스트(text)로 표현한다. 연구자 또한 논문에 관하여 자신이 사고하고 결정한 결과를 정리하고 표현할 수 있는 도구가 필요하다. 연구자에게는 목차가 바로 그 도구이다.

이러한 개인적인 생각에 근거하여 저자는 논문이라는 글을 쓸 준비가 되었다고 선언하는 학생들에게 항상 글을 쓰기 전에 먼저 목차를 만들어 가져와서 함께 이야기해 보자는 제안을 한다. 글의 목차는 그 글에 관해서 연구자가 한 사고와 결정의 결과물이다. 그렇기 때문에 저자는 목차를 통해서 연구자의 머릿속을 들여다볼 수 있다.

대부분의 경우, 학생들이 처음 가져오는 목차는 그 분량이 A4 용지로 표현하면 약 반 페이지에서 한 페이지 정도이고, 말 그대로 서론에서부터 시작하여 결론 및 함의로 끝나는 5줄 정도의 내용을 머금고 있다. 당연히 자신이 쓰려는 글의 내용을 엿볼 수 있는 목차는 아니다. 따라서 목차를 가져오라는 지난 첫 번째 과제에 이어서 오늘 가져온 목차를 더 구체화하여 가져오라는 두 번째 과제를 내준다. 대략 이 과정을 5~10회 정도 반복하면 처음 가져왔던 선언문에 가까운 목차는 어렴풋이나마 영화감독의 스토리보드나, 건축가의 설계도나, 요리사의 요리책에 가까워진다. 글쓰기는 그 때부터 시작된다.

목차는 논문의 뼈대이다. 저자에게 있어서 논문의 내용을 구분하는 단위 중 가장 큰 단위는 제4장의 [그림 4-1]에 제시된 단계이다. 그렇기 때문에 [그림 4-1]의 7단계를 논문의 기본 뼈대라고 생각한다. 인간의 몸이 그러하듯이 굵은 뼈만으로 몸을 지탱할 수는 없다. 잔뼈도 필요하고 근육도 필요하다. 학생들에게 저자가 10~15회에 걸쳐 요구하는 것은 굵은 뼈가 결정되었으면 잔뼈와 근육과 혈관을 목차에 포함시키라는 것이다.

그럼 좀 더 구체적인 논의를 위해서 서론을 예로 (왜냐하면 서론이 논문의 맨 앞에 오는 글이므로) 들어보기로 하자. [10-1]은 매우 단순하기는 하지만 분명히 목차이다. 이 목차를 보면 일단 이 논문에서 서론이 가장 먼저 나오는 부분이라는 것을 알 수 있다. 그다음으로는 이 연구자의 구분에 따르면 서론은 그 내용이 논문의 이론적 배경/문헌고찰부터 결론 및 함의까지의 내용과는 다를 것이라는 것도 알 수 있다. 그럼 이 두 가지 것 외에 또 뭘 알 수 있을까? 안타깝지만 [10-1]이 우리에게 제공해 줄 수 있는 정보는 이 두 가지 것이 전부이다.

1. 서론
2. 이론적 배경/문헌고찰
3. 연구방법
4. 분석결과
5. 논의
6. 결론 및 함의

[10-1]

그럼 이제 [10-1] 내용 중 서론에 대해서 다음과 같은 질문을 던져 보자.

- 서론에서 연구자는 무엇을 혹은 몇 가지 것을 말하고자 하는가?
- 서론의 내용을[1] 독자들에게 전달하려면 서론에는 몇 개의 단락이 필요한가?
- 각 단락에서는 서론의 전체 내용 중 어떤 내용을 언급할 것인가?
- 각 단락은 몇 개의 문단으로 구성되며, 각 문단에서는 해당 단락의 전체 내용 중 어떤 내용을 언급할 것인가?
- 각 문단은 몇 개의 핵심문장을 가지고 있고, 각 핵심문장의 내용은 무엇인가?
- 각 핵심문장은 대략 몇 개 정도의 부연문장에 의해 부연 설명되는가?

[10-2]

[10-2]의 질문은 서론이라는 뼈대에 연결되어 있는 잔뼈, 근육, 그리고 혈관에 해당하는 질문이다. 연구자는 이들 질문 각각에 대해서 답해야 하며, 그렇게 하기 위해서는 많은 것을 생각해야 하고 많은 결정을 내려야만 한다. 그리고 그 결정을 주어와 서술어가 있는 완벽한 문장으로 표현한다면 가장 좋겠지만 그것이 여의치 않다면 적어도 구(句, phrase)로는 표현해야 한다. 이때 주의할 것은 예를 들어 서론의 어느 한 단락에 대해서 연구자가 생각하고 결정한 바를 글로 표현하는 말이 단순히

1) 서론에서 연구자가 말하고자 하는 것을 '서론의 내용'이라고 부르기로 한다.

이 단락에서는 이 문제의 원인을 설명한다.

와 같은 연구자의 계획이나 의지를 쓰라는 말이 아니라 해당 단락에서 논의할 내용을

이제까지 알려진 바에 따르면 이 문제의 원인은 크게 A, B, C 라고 한다.

와 같이 아주 구체적으로 밝히라는 것임을 이해하는 것이다. 마찬가지로 연구자가 해당 단락을 4개 문단으로 (예를 들면) 구성하고 첫 문단에서는 A에 대해서, 두 번째 문단에서는 B에 대해서, 세 번째 문단에서는 C에 대해서, 그리고 마지막 문단에서는 A, B 및 C에 관한 주장들이 가진 문제점을 논의하기로 결정했다면, 연구자는 각 문단에서 자신이 말하고자 하는 내용이 무엇인지를 각 문단마다 반드시 한 개 또는 그 이상의 문장으로 써 놓아야 한다.

이처럼 서론, 문단 또는 단락에서 자신이 말하고자 하는 내용이 무엇인지를 밝히는 문장을 가리켜 핵심문장이라고 한다. 핵심문장은 말 그대로 해당 서론, 문단 또는 단락의 핵심 사항을 그 내용으로 하는 문장이다. 만일 자신이 쓰려는 (또는 이미 써놓은) 서론, 문단 또는 단락 중에 핵심문장이 없는 것이 있다면 연구자는 과연 해당 서론, 단락 또는 문단이 전체 논문에서 정말 필요한 부분인지에 대해서 심각하게 고민해 봐야 한다.

이따금씩 '서론이 몇 개 단락으로 구성되고, 각 단락이 몇 개 문단으로 구성될지 생각해 보라' 라는 말을 잘못 이해하고 다음과 같은 질문을 하는 연구자들이 있다.

- 서론에는 몇 개 정도의 단락이 있는 것이 적당한가요?
- 서론을 몇 개 단락으로 구성하면 좋을까요?

이 질문은 질문을 하는 사람이 '서론에는 n개 정도의 단락이 있어야만 하는구나!'라는 생각을 하고 있다는 것을 단적으로 보여 주는 질문이다. 아마도 이 질문을 하는 사람들은 '서론을 몇 개 단락으로 나누라'는 말을 서론의 형식에 관한 말로 착각하고 언젠

가 누군가로부터

> 서론은 n개 정도의 단락으로 구성된 글

이라는 말을 들었던 것 같으니 왜 그래야 하는지는 사실 잘 모르겠지만 어쨌든 서론의 내용을 나눠야 할 것 같은데, 도대체 n개가 몇 개인지 알 길이 없으니 누군가에게 물어봐야겠다는 생각을 하게 되었을 것 같다는 생각이 든다. 서론은 (서론뿐만 아니라 논문의 다른 모든 부분이) 나눠야 하기 때문에 나누는 것이 아니라 자신이 서론에서 무슨 말을 할지 결정하고, 그 말을 하려면 서론을 적어도 n개 단락으로 나누는 것이 적절하다고 판단할 때 나누는 것이다. 즉, 서론을 몇 개 단락으로 나눌지 생각해 보라는 말이 의미하는 바는

> 제가 서론에서 하려는 말은 ~이고, 이 말을 하려면 n개 정도의 단락이 필요하므로 서론을 n개 단락으로 구성하고자 합니다.

라는 결론에 도달하기 위해서 사고하고 결정하라는 말임을 이해해야 한다는 것이다.

앞서 언급한 바와 같이, 핵심문장은 핵심 사항을 하나의 문장으로 함축하여 표현한 것이다. 그렇기 때문에 핵심문장은 대부분의 경우에 해당 문장만을 읽어서는 문장의 내용을 명확하게 이해하기가 쉽지 않다. 그렇기 때문에 핵심문장은 반드시 그 내용을 풀어 설명하는 부연문장들에 의해서 뒷받침되어야 한다. 한 개의 핵심문장의 내용을 몇 개의 부연문장으로 풀어 설명할지는 핵심문장의 내용을 보고 연구자가 판단해야 한다. 다만, 부연문장의 개수는 핵심문장의 내용을 충분히 풀어 설명하여 독자들이 핵심문장의 내용 중 이해하지 못하는 것이 없을 정도로 충분히 많은 것이 당연히 바람직하다고 할 수 있다. 저자의 경험에 비춰 볼 때 저자는 부연문장의 개수는 핵심문장 내에 포함되어 있는 개념 또는 용어의 수와 같거나 많아야 한다고 생각한다. 예를 들어, 어떤 문단의 핵심문장이 다음과 같다고 가정해 보자.

우리나라의 공공사회지출(SOCX)은 OECD 평균에 비해 여전히 낮은 수준에 머물러 있다.

[10-3]

어떤 독자들은 이 문장의 내용을 쉽게 이해할 수 있을지 모르지만 어떤 독자들은 부연설명이 있어야만 이해할 수 있을지도 모른다. 그런데 논문을 쓸 때는 글을 쓰는 사람이 아무리 자신의 글을 '쉬운 내용의 글'이라고 생각하더라도 글을 아무런 설명 없이 마치 '내던져 버리듯이' 써서는 안 된다. 논문은 선언문이 아니다. 논문은 읽으면 그 내용을 이해할 수 있는 수필 같은 글이어야지 누군가의 해석이 필요한 시(時)나 암호가 되어서는 안 된다. 논문에 연구자의 주장이 없다면 그 논문은 생명력이 없는 아쉬운 글이라는 평을 받을 것이다. 그러나 논문에 주장만 있고 그 주장의 내용을 풀어 설명해 주는 글이나 연구자가 왜 그런 주장을 할 수 있고, 그런 주장이 왜 타당 내지 설득력 있는 주장인지 독자들이 느낄 수 있게 설명하는 글이 없다면 그 논문은 좋게 말하면 선언이고 나쁘게 말하면 근거 없는 궤변으로 여길 것이다.

[10-3]은 단순히 사실을 서술해 놓은 문장이 아니라 연구자의 생각과 판단이 들어 있는 주장이다. 따라서 설명이 필요하다. 그리고 이 핵심문장을 독자 친화적으로 (설령 독자들이 다 이해한다고 할지라도 우리가 쓰고자 하는 글은 선언문이 아니라 논문이기 때문에) 풀어 설명하기 위해 등장하는 것이 바로 부연문장이다. 그럼 이제 핵심문장 [10-3]의 내용을 풀어 설명하기 위해서 어떤 부연문장이 필요한지 생각해 보자. 저자는 항상 이 작업을 해당 핵심문장에 포함되어 있는 개념 또는 전문용어를 찾아 가상의 밑줄을 긋는 것에서부터 시작한다. 달리 표현하면 핵심문장 [10-3]에 대해서 일종의 인수분해를 실시하는 것이다.

맨 먼저 밑줄을 그어야 할 개념은 (저자가 생각하기에) '공공사회지출'이다. 이 개념에 대한 설명이 분명히 필요할 것이다. 예를 들면, 사회지출은 어떤 항목에 해당되는 지출로 정의되는 개념인지, 또 공공이라는 말은 어떤 주체 또는 지출 항목을 의미하는 것인지에 대한 설명이 필요할 것이다. 그리고 국가 간 비교를 위해서는 지출 총액이 아니라 GDP에서 차지하는 비중을 사용해야 한다는 것, 그리고 어쩌면 짧게라도 GDP에 대한 설명이 필요할지도 모른다.

그다음으로는 'GDP 평균'이라는 개념이 눈에 들어온다. 이에 관한 설명도 당연히 있어야 할 것이다. 예를 들면, 몇 개의 국가로부터 얻은 자료를 바탕으로 구한 평균인지, 평균을 구한 시점은 언제인지, 더 나아가서는 독자들 간에 관련 사전지식의 양에 있어서 큰 차이가 있을 수 있다고 생각되면 OECD가 무엇이고 현재 몇 개 국가가 회원으로 있는지에 대한 설명도 필요할 수 있다.

아울러 '여전히 낮다'는 말은 적어도 두 가지 정도의 숨은 의미를 가지고 있다. 첫째, '여전히'라는 말은 '사회지출 수준이 낮다'는 상태가 어제 오늘의 일이 아니라 우리나라에서 적어도 일정 기간 동안 지속되어 온 상태임을 의미한다. 따라서 그에 관한 설명이 있어야 할 것이다. 둘째, 사회지출 수준이 낮다는 것이 어제 오늘의 일이 아니라면 그간 사회지출 수준을 높이기 위해 어떤 노력이 있었는지 혹은 구체적인 노력은 아니더라도 사회지출 수준과 관련해서 어떤 논의들이 있었는지, 그리고 그런 노력과 논의에도 불구하고 왜 아직도 낮은 수준에 머물고 있는지에 관한 설명이 필요할 것이다.

마지막으로 연구자가 '사회지출이 낮다'는 사실 그 자체를 말하려는 것인지 아니면 그렇기 때문에 그러한 현실이 우리 사회에 어떤 부정적 혹은 긍정적인 결과를 초래한다는 것인지를 말하고자 하는가에 따라 부연문장이 더 추가될 수도 있을 것 같다. 물론 필요하다면 이 내용과 관련해서 별도의 문단을 만들어 그 내용을 보다 심도 있게 논할 수도 있을 것이다.

이러한 사고 과정을 거쳐 핵심문장 [10-3]의 내용을 독자 친화적으로 설명하려면 적게는 5개에서 많게는 10개 정도의 부연문장이 필요하다는 결론에 도달했다고 가정해 보자. 그럼 그다음에는 무엇을 해야 하는가? 이제 해야 할 일은 각 부연문장의 내용을 정하고, 그동안 문헌고찰을 통해 수집하고 정리해 두었던 자료 중에 핵심문장과 부연문장을 쓰는 데 필요한 자료를 찾아서 문장을, 문단을, 그리고 서론을 써 내려가기만 하면 된다.

물론 문단을 써 내려가다가 어쩌면 하나의 문단으로는 [10-3]에 관한 논의를 충분히 하기 어렵다는 생각이 들 수도 있다. 그렇다면 하나의 문단이 아니라 하나의 단락으로 논의를 발전시킬 수도 있다. 물론 그렇게 하려면 문단을 단락으로 발전시키는 변화가 서론 내의 다른 단락이나 문단들에 어떤 영향을 미칠지, 서론의 구성을 바꿔야 할지 등에 대해서 반드시 생각해 봐야 한다.

글쓰기에 앞서 목차를 정하라는 말이 한 번 정한 목차는 바꿀 수 없다는 것을 의미하는 것은 결코 아니다. 목차는 얼마든지 바꿀 수 있다. 목차가 없는 것도 문제이지만 한 번 만들고 나서는 바꿔야 함에도 불구하고 바꾸지 않는 것도 문제이다. 목차를 바꾸는 것에 대해서 두려워하거나 인색해서는 안 된다. 목차는 과정이고 지침이다. 그것은 스토리보드나, 설계도나, 요리책이 절대불변의 진리가 아닌 것과 마찬가지이다. 단 한 번의 시도로 완벽한 목차를 만들어 내는 연구자가 없지는 않겠지만 그런 능력을 갖기까지는 (물론 갖고 난 다음에도) 엄청난 노력과 훈련이 있었을 것이다. 매번의 연구가 바로 그 노력과 훈련의 과정이라고 했던 지도교수의 말이 저자에게는 항상 큰 위안이 되어 주었다.

그럼 이제 한 가지 사례를 통해서 이상에 소개한, 아마도 지금쯤이면 독자들 중 일부는 지극히 '이상적'이어서 현실성이 떨어진다고 생각하고 있을 저자의 지침이 연구자가 사고한 내용을 글로 옮기는 데 실제로 활용될 수 있는 지침이라는 것을 함께 확인해 보자. 다음의 예는 저자가 논문을 지도했던 한 연구자(이하 C)가 자신의 석사학위논문(최수영, 2019)을 쓰는 과정에서 서론의 목차를 만들고 발전시켜 나간 과정을 보여 주는 예이다.

[서론 목차 v.1]

서론 연구목적 연구질문

[10-4]

[10-4]는 저자가 C에게 논문의 목차를 정해 가져와서 이야기해 보자고 했을 때 C가 가져온 목차 버전1의 내용 중 서론의 목차 부분이다. 논문의 목차에 대해서 처음 생각해 보는 거의 모든 대학원생과 마찬가지로 C 역시 무엇을 어떻게 해야 할지 막막한 상황에서 본인이 '이렇게 하면 될까?'라고 생각하고 판단한 것을 일단 목차라고 정리한 것을 볼 수 있다.

[서론 목차 v.2]

서론	
연구목적	
머릿속에 있는 단어나 개념: 우간다 여성이 직면한 문제, 빈곤, 젠더불평등, 낮은 임파워먼트	[10-5]
연구질문 ?	

[10-5]는 "성급하게 완성된 문장으로 어떤 내용을 정리하려고 하지 말고 자신의 머릿속에 맴도는 단어나 개념을 나열해 보고, 할 수 있으면 그들 간의 관계를 구나 문장으로 표현해 보라"라는 말을 들은 후 C가 만든 [서론 목차 v.2]이다. 저자는 심지어 C에게 "머릿속에 있는 생각을 표현할 수 있는 적절한 용어를 찾지 못하면 절대로 성급하게 아무런 용어나 가져다 쓰지 말고 차라리 기호로 표시하는 것이 좋다"고 조언하였다.

얼마 후에 C는 자신의 생각을 정제하는 과정을 통해 '우간다 여성의 문제' '빈곤' '낮은 임파워먼트'라는 세 가지 핵심어로 좁히는 데 성공했다. 그러나 아직 이 세 가지 핵심어 간의 관계를 글로 옮길 수 있을 만큼 생각을 정리하지는 못했다. 당연히 이 단계에서 연구질문은 기대할 수 없었다.

[서론 목차 v.3]

서론	
연구목적	
말하고 싶은 상황: 우간다는 빈곤과 젠더불평등이 매우 심하다. 우간다 여성은 '낮은 임파워먼트' 문제를 가지고 있다.	[10-6]
연구질문 ?	

[서론 목차 v.4]

서론	
연구목적	
말하고 싶은 상황: 우간다는 빈곤과 젠더불평등이 매우 심하다. 우간다의 빈곤과 젠더불평등은 사하라 이남 국가들 중에서 특히 심하다. 우간다 여성은 제한된 임파워먼트 문제를 가지고 있다.	[10-7]
연구질문 ?	

[10-6]과 [10-7]은 자신이 뽑은 핵심 단어 또는 개념 간의 관계를 가능한 한 단순한 문장으로 표현해 보고자 노력한 결과물이다. [10-7]에는 [10-6]에서 말한 "~ 매우 심하다"라는 주장을 사하라 이남 국가들의 빈곤과 젠더불평등을 비교함으로써 단순한 주관적 판단이 아니라 객관적인 사실로 발전시키는 연결고리가 포함되어 있고, 사하라 이남 국가 중에서도 특히 심한 우간다의 젠더불평등이 낮은 임파워먼트로 연결된다는 내용을 명시적으로는 언급하고 있지 않으나 두 개념 간에 인과성이 존재함을 C가 인지하고 있다는 것, 그리고 이전 버전에서는 '낮은 임파워먼트'라고 잠정 표현했던 문제 상황을 '제한된 임파워먼트'라는 용어로 표현해낸 발전적 변화가 잘 나타나 있다.

[서론 목차 v.5]

서론 연구목적 단락1: 우간다는 빈곤과 젠더불평등이 매우 심하다. 단락2: 사하라 이남 국가들 중에서도 특히 심하다. 단락3: 빈곤과 젠더불평등 간의 연관성이 깊은데, 두 가지가 맞물려 여성의 임파워먼트를 상당히 제한하고 있다. 연구질문 ?	[10-8]

[10-8]에 나타난 바와 같이, [서론 목차 v.5]부터는 서론의 연구목적을 몇 개의 어떤 내용을 가진 단락으로 구성할지에 대한 C의 생각이 구체적으로 드러나기 시작한 것을 알 수 있다. 즉, 단어와 개념에서 출발해서 그들 간의 관계를 단순한 문장들로 표현하고, 내용적으로 연결되지 않았던 문장들을 연결하여 맥락(context)을 만들어 내는 과정이 비로소 가능해졌음을 볼 수 있다.

[서론 목차 v.6]

서론 연구목적 단락1: 우간다는 빈곤과 젠더불평등이 매우 심하며, 사하라 이남 국가들 중에서도 특히 심하다.	[10-9]

단락2: 빈곤과 젠더불평등 간의 연관성이 깊은데, 두 가지가 맞물려 여성의 임파워먼트를 상당히 제한하고 있다.
단락3: (상황이 이러한데) 우간다 여성의 임파워먼트에 관한 연구는 거시통계자료(aggregated data)에 근거한 연구 밖에 없다.
연구질문 ?

[서론 목차 v.7]

서론
연구목적
단락1: 우간다는 빈곤과 젠더불평등이 매우 심하며, 사하라 이남 국가들 중에서도 특히 심하다.
단락2: 빈곤과 젠더불평등 간의 연관성이 깊은데, 두 가지가 맞물려 여성의 임파워먼트를 상당히 제한하고 있다.
단락3: 여성의 임파워먼트에 관한 연구가 거시통계자료(aggregated data)에 근거한 연구 밖에 없다. [10-10]
단락4: 이런 거시적 연구만으로는 우간다 여성의 제한된 임파워먼트를 이해하는 데 한계가 (실질적으로 도움이 되지 않는다) 있다.
단락5: 현실 개선을 위해 개입을 하려면 제한된 임파워먼트가 우간다 여성의 삶에 어떤 영향을 주고 있는지/어떻게 녹아 있는지 알아야 한다.
연구질문 ?

[서론 목차 v.8]

서론
연구목적
단락1: 우간다는 빈곤과 젠더불평등이 매우 심하며, 사하라 이남 국가들 중에서도 특히 심하다.
단락2: 빈곤과 젠더불평등 간의 연관성이 깊은데, 두 가지가 맞물려 여성의 임파워먼트를 상당히 제한하고 있다. [10-11]
단락3: 여성의 임파워먼트에 관한 연구가 거시통계자료(aggregated data)에 근거한 연구 밖에 없다.
단락4: 이런 거시적 연구만으로는 우간다 여성의 제한된 임파워먼트를 이해하는 데 한계가 (실질적으로 도움이 되지 않는다) 있다.

단락5: 현실을 개선하기 위해서 개입을 하려면 우간다 여성의 일상적 삶에 제한된 임파워먼트가 어떻게 영향을 주고 있는지 알아야 한다.

연구질문 ?

우간다 여성의 빈곤한 삶, 제한된 임파워먼트……

[서론 목차 v.6]~[서론 목차 v.7]에는 C가 이전 버전의 목차를 만드는 과정에서 처음으로 생각해 낸 맥락을 구체화하고 발전시키는 과정이 잘 나타나 있다. 저자는 C가 [서론 목차]라는 제목의 자신의 논리를 비약적으로 발전시킬 수 있었던 singular point는 다름 아닌 [서론 목차 v.7]에서 단락3을 단락4, 그리고 단락5로 발전시킨 것이라고 생각한다.

사실 C는 [서론 목차 v.7] 이전까지는 이미 자신이 우간다 현지에서 10여 명의 여성을 대상으로 질적연구를 진행할 만큼 자신의 연구가 중요하다고 생각하고는 있었지만 자신의 머릿속에 가지고 있는 '중요하다'는 것이 무엇인지 명확하게 말로 정리할 수 없었고, 그렇기 때문에 그 내용을 글로 옮겨 독자들에게 알려 주는 것은 더더욱 불가능했다.

그러나 C는 지속적으로 사고하고 고민하는 과정을 통해서 자신이 가지고 있던 생각을 마침내 다음과 같은 맥락으로 정리해 냈고, 그 내용을 말이 아닌 글로 옮겨 낼 수 있었다.

자신이 우간다 여성을 대상으로 질적연구를 한 이유가 그들의 삶을 개선하기 위해 개입을 해야겠다는 생각을 하게 되었지만 무엇에 대해서 어떤 개입을 할지를 생각했을 때 자신이 우간다 여성의 제한된 임파워먼트가 그들의 삶에 어떤 영향을 주는지조차 모르고 있었고, 그렇기 때문에 자신이 가진 ?를 !로 바꾸기 위해서는 무엇보다 먼저 그 정보가 필요했다.

이러한 변화는 [서론 목차 v.9]에서 처음으로 C가 자신이 가진 문제의식을 명확하게 글로 표현할 수 있게 되었다는 사실에 잘 드러나 있다.

[서론 목차 v.9]

문제의식: 우간다 여성들의 제한된 임파워먼트 문제

임파워먼트 향상을 위해 개입하려면 어떤 지식이 필요한가?

단락	문단
1. 우간다는 빈곤과 젠더불평등이 매우 심하며, 다른 사하라 이남 국가들과 비교해 보더라도 특히 심하다.	우간다는 젠더불평등 현황이 열악하며, 젠더불평등과 빈곤의 심화가 깊은 연관이 있다. 특히 여성 임파워먼트 제한이 심각하다. 우간다 정부 및 국제기구 등이 이러한 문제를 개선시키려고 노력하지만 진전이 없다. (통계 현황 제시) 4. 전 세계에서 사하라 이남 아프리카의 여성 임파워먼트 제한이 가장 심각하다. (통계 현황 제시)
2. 빈곤과 젠더불평등이 맞물려 여성의 임파워먼트를 제한하고 있다.	1. 빈곤과 젠더불평등 간의 연관성이 강하다. 2 빈곤과 젠더불평등이 맞물려 ~ 양상이 전개되고 있다. 3. 특히 여성의 임파워먼트를 상당히 제한하고 있다. (제한된 임파워먼트를 간단히 정의하고, 문헌고찰 부분에서 자세히 논의할 것임을 언급)
3. 이제까지 진행된 우간다 여성의 임파워먼트와 관련된 연구는 매우 제한적인 연구들이다.	지금까지 우간다 여성의 임파워먼트와 관련된 연구들은 주로 거시통계를 보여 주는 양적연구들이 진행되었다. 국가 정책, 제도, 법을 분석하여 젠더불평등과 임파워먼트 현황을 측정하였다. 성 관련 연구들은 보건(HIV/AIDS, 성생식보건, 모자보건) 관련 연구가 대부분이다.

[10-12]

명확해진 문제의식을 바탕으로 C는 [서론 목차 v.9]까지도 ?로 남아 있었던 마지막 과제인 연구질문 도출에 집중하기 시작하였다. 그 과정에서 C는 제한된 임파워먼트와 우간다 여성의 삶이라는 두 개념 간의 관계를 정확하게 표현할 수 있는 동시에 자신의 글을 멋진 학술논문으로 만들어 줄 수 있을 만큼 충분히 전문적이고 멋진 용어를 찾느라 애쓰기 시작했다.

아주 작은 도움도 준비된 사람에게는 (물론 그 도움이 적절한 시점에 주어진다면) Quantum Leap를 만들어 내기에 충분하다고 확신하는 저자는 어느 시점에서인가 C에게 "어떤 사람이 싫든 좋든 자신을 둘러싼 환경 속에서 살 수밖에 없다면 그런 환경이 그 사람에게 미치는 영향은 그 사람의 삶에 있어서 어떤 모습으로 나타날 것 같은가?" 라고 물었다. C는 그때까지 자신이 고집했던, 학술적이어 보이기는 하지만 두 개념 간의 관계를 표현하기에는 뭔가 부족하다고 생각했던 단어들을 과감히 포기했고 바로 그날 연구질문이 포함된 [서론 목차 v.10]을 완성했던 것으로 기억한다.

연구질문을 도출해 내는 것까지의 과정이 연구에서 차지하는 비중을 50~70% 정도라고 생각하는 저자는 [서론 목차 v.10]에 자신의 생각을 정리해 낸 C가 논문을 완성하기 위해 필요한 나머지 과정을 성공적으로 마칠 것이라고 확신했다.[2)]

[서론 목차 v.10]

서론	
문제의식: 우간다 여성들의 제한된 임파워먼트 문제 임파워먼트 향상을 위해 개입하려면 어떤 지식이 필요한가?	
단락	문단
1. 우간다는 빈곤과 젠더불평등이 매우 심하며, 다른 사하라 이남 국가들과 비교해 보더라도 특히 심하다.	1. 우간다는 젠더불평등 현황이 열악하며, 젠더불평등과 빈곤 심화가 깊은 연관이 있다. 2. 특히 여성 임파워먼트 제한이 심각하다. 3. 우간다 정부 및 국제기구 등이 이러한 문제를 개선시키려고 노력하지만 진전이 없다. (통계 현황 제시) 4. 전 세계에서 사하라 이남 아프리카의 여성 임파워먼트 제한이 가장 심각하다. (통계 현황 제시)
2. 빈곤과 젠더불평등이 맞물려 여성의 임파워먼트를 제한하고 있다.	1. 빈곤과 젠더불평등 간의 연관성이 강하다. 2. 빈곤과 젠더불평등이 맞물려 ~ 양상이 전개되고 있다. 3. 특히 여성의 임파워먼트를 상당히 제한하고 있다. (제한된 임파워먼트를 간단히 설명하고, 문헌고찰 부분에서 자세히 논의할 것임을 언급)
3. 이제까지 진행된 우간다 여성의 임파워먼트와 관련된 연구는 매우 제한적인 연구들이다.	1. 지금까지 우간다 여성의 임파워먼트와 관련된 연구들은 주로 거시통계를 보여 주는 양적 연구들이 진행되었다. 2. 국가 정책, 제도, 법을 분석하여 젠더불평등과 임파워먼트 현황을 측정하였다. 3. 성 관련 연구들은 보건(HIV/AIDS, 성생식보건, 모자보건) 관련 연구가 대부분이다.

2) 그 확신은 틀리지 않았다. 석사학위를 취득한 C는 현재 World Bank의 직원이 되어 ODA 전문가가 되겠다는 자신의 꿈을 이루기 위해 살고 있다. 저자는 머지않아 이번에도 그 꿈이 이루어질 것이라고 확신한다.

4. 이런 연구들만으로는 우간다 여성의 제한된 임파워먼트를 이해하는 데 한계가 있다.	거시통계 위주의 연구로는 우간다 여성의 실제 삶에서 나타난 제한된 임파워먼트를 파악하기가 어렵다. 연구자가 가진 우간다에서의 삶의 경험이 기존 연구들이 우간다 여성의 삶을 잘 담아내지 못하고 있음을 보여 준다. 3. 우간다 여성을 위한 적절한 개입을 위해서는 개입 대상자의 삶을 이해하는 것이 중요하다.
5. 현실 개선을 위해 개입하려면 우간다 여성의 실제 삶에서 임파워먼트가 어떠한 모습을 나타나고 있는지 알아야 한다. (연구의 필요성과 중요성)	우간다 여성의 목소리를 통해 실제 삶에서 나타난 제한된 임파워먼트의 모습을 파악하는 것이 필요하다. 왜 실제 대상자의 삶을 이해하는 것이 중요한가? 그래야 우간다 여성의 임파워먼트 향상을 위한 효과적인 개입 방안을 마련할 수 있기 때문이다. 이러한 이유에서(선행연구들의 한계를 극복하기 위해서) 우간다 여성의 삶을 심층적으로 들여다볼 수 있는 질적연구가 필요하다.
연구질문 : 우간다 여성의 빈곤한 삶에서 제한된 임파워먼트는 어떤 모습으로 나타나고 있는가?	

앞의 예를 접한 독자들에게 저자는 이제 다시 한 번 글을 쓴다는 것은 펜이나 컴퓨터 키보드 자판으로 의미를 만들어 내는 물리적 행위가 아니라 사고하고, 판단하고, 결정한 결과를 글로 옮기는 행위라는 것을 말해 주고자 한다. 물론 사고라는 행위를 통해 얻은 결실을 글로 옮기는 데에는 적절한 단어를 찾아내고, 문법에 맞게 단어와 구와 문장을 써서 의미를 만들어 내고, 동일한 의미를 나타내는 수많은 표현 중 가장 적절한 표현을 골라내는 능력도 필요하다. 그러나 그 모든 것은 사고하는 과정을 마친 다음의 것들이다.[3)]

사고하는 과정 없이는 누구이고 자신의 생각과 감정을 글이라는 기호로 옮겨 낼 수 없다. 한 가지 힘이 될 만한 사실은 '인간은 누구나 사고할 수 있다'는 것이다. 하루에 단 한 시간 아니 30분만이라도 하나의 질문에 대해서 일정 기간 동안 꾸준히 생각하고, 연구를 위해 자신이 수집한 자료를 읽으면서 자신의 생각을 자신 이전에 고민했던 사람들의 생각과 비교·정리하고, 자신이 사고한 결과를 말로 표현해 보고, 맨 마지막으로 글로 옮겨서 자신이 아닌 다른 사람들에게 이해시키는 과정을 반복한다면 글을 쓰지 못할 사람은 아무도 없다고 저자는 확신한다.

3) 그리고 저자의 생각을 더 솔직하게 말하면 그런 것들은 책을 통해 배울 수 있는 것이 아니다. 이 책에서 그러한 내용을 다루지 않는 이유는 바로 그 때문이다.

물론 힘이 빠지는 말도 곧 직면하게 될 현실이므로 이쯤에서 해 두는 것이 좋을 것 같다. 저자의 경험에 비춰 볼 때 위에서 말한 사고 과정 내내 연구자는 좌절감과(저자의 경우에는 어느 시점 이후에 한 번도 저자의 곁을 떠난 적이 없고, 지금도 항상 저자 곁에 웅크리고 앉아 있는) 친해지는 법도 배워야 한다. 물론 친해져야 하지만 우리가 좌절감에 굴복하여 'The Rode to Serfdom'[4)]으로 발길을 돌려야 할지 아니면 좌절감을 굴복시키고 자유 의지를 가진 연구자로 살아가야 할지는 누가 보더라도 분명하다.

언젠가 뇌 과학이 발전하여 인간의 생각과 감정을 그대로 복사하여 다른 사람에게 심어 줄 수 있는 날이 오기 전까지 우리 연구자들은 '논문은 文이지 생각이나 말이 아니다'라는 명제를 어쩔 수 없이 받아들이면서 살아가야 한다. 그렇기 때문에 모든 연구자는 저자가 이상에서 언급한 과정을 거쳐야 한다. 그리고 그 과정은 연구가 누가 시켜서 하는 것이 아니라 자신이 원해서 하는 것이라면 당연히 즐거운 과정이 될 것이다.

---

4) 독자들 중 그 어느 누구도 '글쎄 Friedrich Hayek가 논문을 쓰다가 힘들어서 이 책을 썼대요!'라는 오해는 하지 않을 것이라고 믿는다.

11

글로 옮기기의 출발점: 연구질문·가설과 결론

"논문을 쓸 준비가 되었다고 하니 이 말은 꼭 해 줘야 할 것 같군요."

"네, 말씀해 주세요."

"논문을 쓴다는 것이 사실 참 위험한 일을 하는 것이에요."

"네? 어떤 의미에서 위험하다는 말씀인가요?"

"사람이 자신의 생각과 감정을 100% 글로 표현한다는 것은 불가능하지요. 연습을 많이 하지 않은 사람의 경우, 아무리 높게 잡아도 60% 정도 밖에 표현하지 못하는 것 같아요. 그리고 그렇게 표현된 글을 읽고 상대방이 그 글의 의미를 해석하는 과정에서 또 오류가 발생하지요. 아마 25% 정도는 잘못 해석되는 것 같습니다."

"그래요? 그럼 결국 전달하고자 했던 생각이나 감정 중 기껏해야 45% 정도밖에 전달되지 않는다는 말이로군요!"

"그렇지요. 한번 생각해 보세요. 전달하고자 했던 생각과 감정 중에서 고작 55% 정도 밖에 전달되지 않으니 얼마나 많은 오해가 발생하겠는지……. 이제 글쓰기가 왜 중요한지 더 설명하지 않아도 이해하겠지요?"

"그리고 그냥 한 가지 덧붙이자면 인간보다 훨씬 지적 수준이 고등한 존재들은 절대로 우리가 사용하는 것 같은 언어로 의사소통하지 않을 것이라고 확신합니다."

앞 장에서 우리는 글쓰기를 사고하고 정리한 것을 글로 옮기는 과정이라고 정의했다. 아울러 논문을 쓰는 것이 결국 핵심문장에서 출발하여 핵심문장을 문단으로, 문단을 단락으로, 단락을 논문으로 확장해 나가기 위해 사고하고 결정하는 과정이라는 것에 대해서도 논의했다. 이 장에서는 다음과 같은 핵심문장을 출발점으로 하여 앞 장에서 했던 논의를 좀 더 발전시키기로 하겠다.

글쓰기의 출발점은 연구질문·가설과 결론이다.[1]	[11-1]

저자는 논문을 크게 세 부분으로 나누는데, 제4장에서 소개한 [그림 4-1]의 7단계를 기준으로 하여

- **부분** 1: 맨 윗 단계에서부터 연구질문·가설까지
- **부분** 2: 연구방법과 연구결과
- **부분** 3: 연구결과에서부터 결론 및 함의까지

로 나눈다. 부분1의 글쓰기를 언제 시작하는 것이 좋은지에 대해서는 연구자마다 의견이 다를 수 있다. 저자는 부분1의 글쓰기를 연구가 끝날 때까지 미뤄 둘 이유가 전혀 없으며, 할 수 있다면 부분1의 각 단계, 즉 문제제기, 문헌고찰 I, 문헌고찰 II, 연구질문·가설이 끝날 때마다 해당 부분의 글을 써 두는 것이(나중에 수정하더라도) 좋다고 생각한다. 더 나아가서 저자는 부분1의 글을 가장 효과적으로 그리고 효율적으로 쓰려면 연구질문·가설을 글쓰기의 출발점으로 삼는 것이 바람직하다고 생각한다.

명확한 연구질문·가설을 설정하고 나면 연구자는 그 단계에 도달할 때까지 자신이 사고하고 결정한 사항들을 연구질문·가설을 중심축으로 하여 논리적·시간적 순서에 따라 정리할 수 있게 된다. 예를 들면, 연구자가 X라는 내용의 연구질문·가설을 만들어 내기 위해서는 논리적으로 Y라는 사항에 관한 사고와 결정이 선행되어야 하

1) 독자들 중에 어떤 사람은 [11-1]에 분명히 '논문 쓰기'라고 쓰여 있음에도 불구하고 '연구의 출발점이 결론이라니?'라고 하면서 놀라는 사람이 있을 것이다. 그런 독자들에게는 [11-1]이 의미하는 바를 다시 한 번 정확하게 이해할 것을 당부하고자 한다.

고, Y라는 사고와 결정은 그에 앞서 Z라는 사고와 결정이 반드시 선행되어야만 할 수 있는 것이라는 식으로 연구질문·가설을 만들어 내기까지 자신이 했던 사고와 결정의 논리적·시간적 순서를 정하는 것이다.

이러한 정리 과정을 거치고 나면 연구자는 앞 장에서 소개한 바와 같이, 부분1의 전체 내용을 몇 개의 핵심문장으로 표현할 것이고, 어떤 핵심문장들을 어떤 문단으로 묶을 것이고, 어떤 문단들을 묶어서 어떤 단락을 구성할지를 정한 다음, 자신이 정한 핵심문장들을 중심으로 부연문장을 붙여 가면서 글을 쓰면 된다.

부분2의 글쓰기 역시 그 내용이 결론에 따라 달라지지 않으므로 부분1의 글쓰기를 마치고 나면 언제든지 시작할 수 있다. 연구자들에게 전체 글쓰기 중 가장 쉬운 부분을 꼽으라고 하면 대부분이 부분2의 글쓰기를 꼽을 만큼 부분2의 글쓰기는 연구자들 사이에서 객관적 사실 나열 중심의 비교적 쉬운 글쓰기로 인식되고 있다. 이러한 인식이 잘못되었다는 것은 아니지만 저자는 바로 이 '쉬운 글쓰기'라는 생각이 연구자들로 하여금 한 가지 공통된 오류를 범하게 만드는 원인이라고 생각한다. 부분2의 글쓰기가 객관적 사실 나열 위주의 글쓰기인 것은 맞지만 다음의 두 가지 것이 다른 것이라는 사실을 잊어 버려서는 안 된다.

특정 연구방법을 선택했다. ≠ 특정 연구방법을 왜 선택했다. [11-2]

중요한 것은 연구방법과 관련해서 자신이 어떤 결정을 내렸는지가 아니라 그러한 결정을 왜 내렸는지를 구체적으로 설명하여 독자들로 하여금 연구자의 결정이 타당한 결정임을 이해할 수 있게 하는 것이다. 예를 들면, 표본추출방법을 설명하면서 다음과 같이 써서 자신이 선택한 표본추출방법이 무엇인지를 알리는 것에서 그치는 것과

본 연구에서는 층화비례표본추출방법을 사용하여 표본을 추출하였다.

다음의 내용까지 글에 포함시켜서 자신이 왜 그런 선택을 했는지를 설명하는 것은 분명히 다르다는 것을 이해해야 한다.

> 본 연구에서는 층화비례표본추출방법을 통해 표본을 추출하였다. 확률표본추출방법 중 하나인 층화비례표본추출방법은 다른 확률표본추출방법에 비해 ~과 같은 장점을 가지고 있다. 본 연구자는 다음과 같은 이유에서 층화비례표본추출방법이 가진 이러한 장점들이 본 연구가 필요로 하는 표본을 추출하는 데 필수적이라고 판단하였다. 첫째……

부분2의 글쓰기가 [11-2]라는 사실을 상기하기 위해서 저자는 항상 마음속으로 '왜 이런 연구방법을 선택했는지' 자문하면서 글을 쓰려고 노력하며, 다른 연구자들에게도 그렇게 해 볼 것을 권한다. 사실 객관적 사실의 단순 나열이 아니라 사고하고 결정한 내용과 근거를 모두 제시해야 한다는 것을 기억하기만 한다면 부분2의 글쓰기는 일반적으로 알려진 바와 같이 비교적 쉬운 글쓰기임에 틀림이 없다. 아마도 그렇기 때문에 어떤 연구자들은 부분2의 글쓰기를 가장 먼저 시작하고 끝냄으로써 논문의 한 부분을 써 냈다는 자신감을 얻는 것 같은데, 이는 글쓰기가 주는 부담감을 줄일 수 있는 좋은 방법 중 하나인 것 같다.

부분3의 글쓰기는 일반적으로 논문을 쓸 때 가장 마지막에 하게 되는 글쓰기이다. 부분1의 글쓰기가 연구질문·가설을 출발점으로 삼을 때 수월해진다면, 부분3의 글쓰기는 결론이 출발점이 될 때 가장 수월해진다.[2] 부분1의 글쓰기와 마찬가지로 연구자는 자신이 내린 X라는 결론이 타당한 결론으로 인정받으려면 어떤 논리적 뒷받침이 필요한지를 결론에서부터 역으로 거슬러 올라가면서 정리한다. 그런 다음, 정리한 내용을 독자들에게 이해시키려면 몇 개의 핵심문장, 문단, 단락으로 정리된 내용을 제시할지를 계획한다. 이제 남은 일은 계획에 따라 문헌고찰을 통해 수집하고 정리한 자료와 연구결과에 근거하여 글을 쓰기만 하면 된다.

마지막으로 연구질문·가설과 결론을 글쓰기의 출발점으로 삼아 글을 쓸 때 경계해야 할 한 가지 것을 말하면서 이 단락을 마치고자 한다. 어떤 연구자가 연구결과를 얻은 후에 자신이 애초에 설정한 연구질문·가설을 연구결과에 맞게 수정한다고 가정해 보자. 이러한 행위를 가리켜서 사후소급가설이라고 한다. 받아들일 수 없는 행위임에 틀림이 없으나 문제는 해당 연구자를 제외한 그 누구도 연구자가 글로 써 놓은 연구질문·가설이 사후소급가설인지 알 수 없다는 것이다. 즉, 연구자의 양심에 맞길 수

2) 다시 한 번 언급하건대 이는 저자의 개인적인 견해이다.

밖에 없는 일이라는 것이다.

연구질문·가설이나 결론을 출발점으로 하여 글을 쓸 때 연구자는 종종 자신이 실제로 사고하고 결정한 것이 아닌 어떤 것들을 마치 자신이 처음부터 사고하고 결정한 것처럼 글로 표현하고자 하는 유혹에 빠질 수 있다. 그나마 부분1의 글쓰기를 할 때는 이런 유혹을 직면하는 것이 어찌 보면 다행일 수 있다. 왜냐하면 아직 연구를 시작하기 이전 단계이기 때문에 처음부터 다시 논리를 전개하면 되기 때문이다. 문제는 부분3의 글쓰기를 할 때 이런 유혹에 빠지는 것이다. 이미 연구가 끝났기 때문이다. '아무래도 자신이 기대했던 결과를 얻는 연구가 좋은 연구'가 아니겠는가? 라는 주변 연구자들의 말이 그렇지 않아도 이겨내기 힘든 유혹을 더욱 떨쳐 버리기 힘든 유혹으로 만들 것이 분명하다. 이 역시 연구자의 양심에 맡길 수밖에 없는 일이다.

이런 상황에서 연구자에게 윤리적으로 행동할 수 있는 용기를 갖게 해 주는 한 가지 것이 있다. 사후적으로 억지 논리를 만들어 글을 쓰면 그러한 사실은 아무리 감추려고 해도 감춰지지 않을 뿐만 아니라 감추려고 하면 할수록 글쓰기는 점점 더 어려워진다는 사실이 바로 그것이다. 절대로 이러한 사실을 저자처럼 경험을 통해서 깨달아야만 할 이유는 없다고 생각한다. 물론 경험만큼 자신을 확실하게 설득할 수 있는 기제는 없다고 생각한다면 한 번 정도 경험해 보는 것도 나쁠 것 같지는 않다.

이 장의 두 번째 단락의 핵심문장은 '글쓰기는 가능하다면 두괄식으로 하는 것이 바람직하다'이다. 저자는 글을 쓸 때 가능한 한(물론 그렇게 할 수 없는 때도 있기 때문에) 하나의 문단을 하나의 핵심문장과 그것을 풀어 설명하는 부연문장으로 구성하고자 노력한다. 글쓰기는 핵심문장을 문단의 어디에 두는가에 따라 두괄식 글쓰기와 미괄식 글쓰기로 구분한다. 두괄식 글쓰기는 말 그대로 문단의 맨 앞에 핵심문장을 제시하고, 이어서 핵심문장의 내용을 풀어 설명하는 부연문장들을 제시하는 글쓰기 방식이다. 미괄식 글쓰기는 이와 반대로 핵심문장을 글의 마지막 부분에 제시하는데, 글의 앞부분에 어떤 구체적인 내용들을(대개 부연문장에 해당하는 내용들) 먼저 제시하다가 문단의 마지막에 가서 연구자의 주장을 핵심문장으로 표현한다.

두괄식과 미괄식 중 어느 방식에 따라 글을 쓸지는 각각의 연구자가 결정할 사항이다. 저자는 이 두 가지 방식 중 두괄식 글쓰기를 선호한다. 그 이유는 저자에게 있어서 글쓰기는 제10장에서 소개한 바와 같이 '목차 만들기'에서부터 시작되기 때문이다. 즉, 문단이나 단락의 내용을 써 내려가다가 어떤 결론에 도달하는 것이 아니라 자신이 말하고자 하는 바를 핵심문장 형태로 만들어서 해당 부분의 전체 내용을 머릿속에 먼저 그려 본 다음,[3] 전체 내용을 문단과 단락을 나누고 글을 쓰는 이상 굳이 글을 미괄식으로 쓸 필요는 없다고 생각한다.

또 한 가지 이유는 두괄식 글쓰기가 미괄식 글쓰기에 비해 글의 논리성과 글 내용 간의 연결성을 높이는 데 더 도움이 되기 때문이다. 반드시 글을 미괄식으로 쓰기 때문에 나타나는 문제라고는 할 수 없지만 미괄식으로 쓰인 글들에서는(특히 단락 단위의 글에서) 글의 마지막 부분에 제시된 핵심문장과 글의 맨 앞부분에서부터 핵심문장 전까지 제시된 글의 내용 간의 연결성이 낮은 문제가 두괄식으로 쓰인 글에서보다 많이 발견된다. 대부분의 경우, 이 문제는 앞부분의 내용이 불필요하게 길거나 핵심문장과 관련성이 낮은 내용들이 제시되는 형태로 나타난다. 이는 주로 말하고자 하는 내용을 정하지 않은 상태에서 글쓰기를 시작해서 이런저런 내용을 나열하다가 핵심문장을 찾게 될 때 나타나는 현상이다.

물론 핵심문장을 찾은 후에 이미 써 놓은 글 내용 중 불필요한 부분을 삭제해 버리면 문제는 간단히 해결된다. 그런데 대부분의 연구자는 이미 써 놓은 자신의 글에 대한 애착이 너무 강한 나머지 이 간단한 해결책을 외면하는 경향이 있다. 저자는 이 이해하기 힘든 성향을 '자신이 이미 써 놓은 글이라는 늪에서 연구자가 빠져서 나오지 못하는 현상'이라고 부른다. 이 늪의 근저에는 놀라우리만큼 글의 양을 중요하게 생각하는 기이한 가치관이 자리하고 있는 것 같다. 그러한 가치관이(솔직히 말하면 그러한 가치관을 신봉하는 학문 세대가) 사라지지 않는 한 이 기이한 현상은 위선이라는 이름의 유령이 되어 연구자들 곁을 끊임없이 맴돌 것이기에 저자는 두괄식 글쓰기를 좀 더 쉬운 해결책으로 제안함과 동시에 다음 세대 연구자들 사이에서 학위논문과 연구논문의 분량을 과감하게 줄이자는(특히 연구자의 논리나 생각을 이해하는 데에는 아무런 도움이 되지 않는 '보여 주기' 그 자체를 위한 내용) 학문적 솔직함에 대한 공감대가 하루라도 빨리 형성되기를 간절히 바란다.

3) 물론 결론을 도출할 때까지의 사고 과정은 당연히 귀납적이다.

참고문헌

김기덕, 김용석, 유태균, 이기영, 이선우, 정슬기 공역 (2016). 사회복지조사방법론(Rubin, A. *Research Methods for Social Work*). Cengage Learning Korea. (원저는 2009년 출간).

유태균 (2007). 사회복지학 연구수행과정에 있어서의 윤리적 이슈에 관한 소고. 사회복지질적 연구, 1(1), 69–86.

유태균 역 (2013). 2013 한국사회복지학회 추계학술대회 자료집.

유태균 역 (2012). 에센스 사회복지조사방법론, 2판(Rubin, A. *Empowerment Series*). Cengage Learning Korea.

유태균 역 (2001). 사회복지질적 연구방법론(Padgett, Deborah K. *Qualitative methods in social work research*). 나남. (원저는 1998년 출간).

유태균 역 (2020). 에센스 사회복지조사방법론, 4판(Rubin, A. *Empowerment Series*). Cengage Learning Korea. (원저는 2020년 출간).

이병욱 (1986). 인식론. 서광사.

이원두 (1997). 새로운 학문. 동문선.

이한구 (2001). 추측과 논박 1, 2. 민음사.

최수영 (2019). 우간다 여성의 빈곤한 삶 속에 나타난 제한된 임파워먼트의 모습. 숭실대학교 일반대학원 석사학위논문.

한국교원대학교 초등교육연구소 (1999). 구성주의와 교과교육. 문음사.

홍은숙 (2007). 구성주의 인식론이 특수교육에 주는 시사점. 특수교육학연구, 42(1), 77–97.

Creswell, J. (2014). *Research design: Qualitative, quantitative, and mixed methods approach*. Sage.

Fosnot, C. T. (Ed.). (2005). *Constructivism: Theory, Perspective, and Practice* (2nd ed.).

Teachers College.

Glasersfeld, E. (1992). Questions and answers about radical constructivism. In M. K. Pearsall (Ed.), *Scope, sequence, and coordination of secondary schools science* (*Vol. 11*, Relevant Research, pp. 169–182). NSTA.

Hamlyn, D. W. (1970). *Theory of Knowledge*. Double–day & Company, Inc.

Jonassen, D. H. (1991). *Evaluating Constructivistic Learning*. In T. M. Duffy & D. H. Jonassen (Eds.), Constructivism and the Technology of Instruction: A Comparison. Lawrence Erlbaum Associates.

Markie, P. (2015). *Rationalism vs. Empiricism*. In E. N. Zalta (Ed.), Stanford Encyclopedia of Philosophy (Fall, 2017 Edition).

Muller, K. (2011). The two epistemologies of Ernst von Glasersfeld. *Constructivist Foundations*, *6*(2), 220–226.

Popper, K. (1989). *Conjecture and refutation*. Routledge.

Thomas, G. B., & Fisch, M. H. (1968). *The new science of Giambattista Vico* (2nd ed.). Cornell University Press. (원저는 1744년에 출판).

von Glasersfeld, E. (1992). Questions and Answers About Radical Constructivism. In M. K. Pearsall (Ed.), *Scope, Sequence, and Coordination of Secondary Schools Science* (Vol. 11, Relevant Research, pp. 169–182). NSTA.

Alejandro Amenabar (2009). 〈Agora〉.

Jean Jacques Annaud (1986). 〈The Name of the Rose〉.

위키피디아 'Jack The Ripper' https://ko.wikipedia.org/wiki/%EC%9E%AD_%EB%8D%94_%EB%A6%AC%ED%8D%BC

한국연구재단 https://www.nrf.re.kr/ethics/view?menu_no=327

http://www.acsp.org/Documents/Credit_for–collab_faculty–student_work.html

http://ec.europa.eu/europeaid

Science as Falsification. https://staff.washington.edu/lynnhank/Popper–1.pdf(2018. 3. 25 일 추출.)

Science as Falsification. http:// www2. winthrop.edu/login/uc/hmxp/Science%20as%20Falsification%20Resource.pdf(2018. 3. 25. 추출.)

찾아보기

저자 소개

유태균(Yoo Tae Kyun)

연세대학교 사회복지학과를 1988년에 졸업한 후, 미국 Oregon주 Portland State University에서 사회복지학 석사학위(M.S.W., 1990)를 받은 다음 University of California, Berkeley에서 사회복지학 박사학위(Ph.D., 1995)를 받았다. 현재 숭실대학교 사회복지학부 교수로, 주로 사회복지정책과 연구방법론에 관한 강의를 하고 있으며, 지난 2000년부터는 사회서비스보장에 깊은 관심을 가지고 연구를 진행하고 있다.

사회복지 연구방법론 시리즈 I

사회복지학 연구를 위한 논리 · 비판적 사고

Logical & Critical Thinking For Social Welfare Research

2024년 2월 25일 1판 1쇄 인쇄
2024년 3월 1일 1판 1쇄 발행

지은이 • 유태균
펴낸이 • 김진환
펴낸곳 • (주) 학지사
04031 서울특별시 마포구 양화로 15길 20 마인드월드빌딩
대표전화 • 02)330-5114 팩스 • 02)324-2345
등록번호 • 제313-2006-000265호

홈페이지 • http://www.hakjisa.co.kr
인스타그램 • https://www.instagram.com/hakjisabook

ISBN 978-89-997-2999-7 93330

정가 17,000원

저자와의 협약으로 인지는 생략합니다.
파본은 구입처에서 교환해 드립니다.